VOIR, ENTENDRE ET SE TAIRE

Titre original
Ver, oír y callar

Traduit de l'espagnol (Salvador)
par Bernard Cohen

*Première édition par Pepitas de Calabaza, La Rioja,
Espagne en 2015
Cette traduction est publiée avec l'accord
de Oh ! Books Agencia Literaria, Barcelona
et Sophie Savary Agent Littéraire, Montpellier*

VOIR, ENTENDRE ET SE TAIRE

UN AN AVEC LA MARA SALVATRUCHA

Juan José Martínez d'Aubuisson

TRADUIT DE L'ESPAGNOL (SALVADOR)
PAR BERNARD COHEN

so lonely.

GUATEMALA
HONDURAS
Santa Ana
Mejicanos
Soyapango
SALVADOR
San Salvador
San Miguel

TATS-UNIS
Golfe du Mexique
MEXIQUE
GUATEMALA
BELIZE
Mer des Caraïbes
HONDURAS
NICARAGUA
SALVADOR
COSTA RICA
PANAMA
Océan Pacifique
COLOMBIE
ÉQUATEUR
PÉROU

PROLOGUE

Préface

LA FOLIE DE JUAN

par Óscar Martínez

Journaliste, écrivain
et frère de l'auteur.

JUAN AVAIT UNE VIEILLE MOTO. C'était une moto bon marché, sans boîte de vitesses, un modèle d'une obscure marque chinoise qui ne figurerait jamais dans la moindre revue de moto. Il lui avait donné un nom : Samanta.

Une nuit, Juan revenait de la colline de la Mara Salvatrucha, un endroit appelé La Colonia Buenos Aires où, plusieurs fois par semaine, Samanta devait grimper en surmenant son faible moteur. Pour arriver là-haut, Juan et Samanta étaient obligés de traverser certains quartiers contrôlés par la *pandilla* rivale, le groupe Barrio 18. Le Salvador est un pays divisé par beaucoup plus de lignes de démarcation que celles qui apparaissent sur les cartes officielles, des frontières virtuelles établies par les pandillas qui sont bien plus réelles que les délimitations administratives.

Cette nuit-là de 2010, Juan et Samanta revenaient de la dernière communauté[1] de la colline et devaient encore une fois franchir l'une de ces lignes après une journée de travail avec la *clica*[2] des Guanacos Criminales Salvatrucha, de la MS-13.

Alors qu'elle était déjà en territoire ennemi, Samanta a baissé les bras. Son pot d'échappement a toussé et elle s'est arrêtée. En pleine nuit, voilà un jeune sur une moto ; un jeune, tatoué et aux cheveux longs, sur une moto ; un jeune, tatoué et aux cheveux longs, sur une moto qui revient du territoire de la pandilla rivale. Juan, qui m'a raconté ce moment alors que nous buvions un rhum ensemble, savait que la situation pouvait très mal se terminer. Il a évalué les quelques recours qui se présentaient à lui : appeler la police, continuer à pied, demander de l'aide dans une maison voisine… Et il a finalement choisi la meilleure des solutions : prier pour que Samanta se remette en marche. Il a supplié sa moto chinoise de reprendre vie. Il lui a promis une révision générale si elle le sortait de cette zone contrôlée par le Barrio 18. Et alors même que des ombres inquiétantes s'approchaient d'eux, un coup de kick a ressuscité Samanta, qui s'est éloignée en titubant.

---

1. En Amérique centrale, on appelle « communautés » les zones d'habitation précaires et marginales, qui se trouvent à l'intérieur ou à la périphérie des grandes villes. Ces « comunidades » sont souvent une conséquence de l'exode rural. Elles se caractérisent par une carence de services publiques, une absence de l'État et la présence de bandes et de pandillas. (NdA)

2. Une *clica* (ou *cliqa*) est l'unité de base d'une *pandilla*, un groupe d'amis du même quartier, une « bande ». Ainsi, on appelle Mara Salvatrucha l'association structurée de diverses *clicas* qui se reconnaissent dans le gang MS-13. La majorité de ces groupes adoptent un nom se terminant par les lettres L et S, pour *Locos Salvatrucha* (littéralement, les Fous de la Salvatrucha), afin de se différencier du gang ennemi Barrio 18 : ici, par exemple, les Guanacos Criminales. (NdA)

Pour réaliser le travail que Juan vous présente dans ce livre, il est parfois nécessaire d'être un petit peu fou : abandonner un instant la logique rationnelle et se retrouver à supplier une moto.

Juan est un anthropologue. Juan est un anthropologue qui s'est consacré à l'étude des pandillas, en particulier la Mara Salvatrucha, mais qui s'est aussi approché du Barrio 18 et de toutes ces cohortes d'expulsés des États-Unis qui avaient appartenu là-bas à l'une des dizaines de pandillas latinas du sud de la Californie, et qui, ici, au Salvador, se font simplement appeler les « *sureños* », « ceux du Sud ».

Juan a interviewé des fondateurs de la MS, des dirigeants de la MS, des *chequeos* de la MS – l'échelon inférieur de toute la structure –, des anciens de la MS retirés des affaires, des traîtres de la MS, des victimes de la MS, des fonctionnaires chargés de poursuivre la Mara Salvatrucha.

Il se trouve que Juan est également mon frère. Je fournis d'emblée cette information afin que personne ne vienne se plaindre que cet avant-propos n'aurait pas fourni tous les éléments pour décider s'il faut croire ou non ce que j'écris ici. Cela dit, j'affirme maintenant, sans la moindre crainte de me tromper, que Juan est l'universitaire qui comprend le mieux la pandilla la plus dangereuse de la planète, la MS.

Juan est celui qui la comprend le mieux parce que c'est un universitaire – un titre qui se révèle chaque jour plus déprécié – qui a depuis des années renoncé aux bureaux aseptisés et climatisés, qui a renoncé à la rédaction de rapports alambiqués où il est de bon ton d'écrire

« sanatorium » au lieu d'« hôpital ». Il a renoncé à écrire pour quelques-uns. Comme universitaire, Juan a renoncé à utiliser les conventions élitistes d'un petit monde académique qui ressasse pour lui-même un perpétuel déni de la réalité, de ce qui se passe en dehors de ses bâtiments et de ses symposiums.

Le meilleur exemple de la méthode de travail de Juan, vous le trouverez dans ce livre. Cela n'est pas un ouvrage universitaire, mais plutôt le miroir dans lequel nous pouvons voir comment un chercheur bizarre qui parlait aux motos a étudié – et continue à le faire – l'un des aspects les plus épineux de l'Amérique centrale contemporaine, de cette région ensanglantée, de ce coin de la planète que son taux d'homicides quotidien rend le plus violent au monde.

Quand Juan jouait au gendarme et au voleur avec les gosses du quartier, il savait qu'il était en train de travailler. Quand Juan passait de longues soirées à regarder Destino, l'un des meneurs de la clica, préparer du pain, il savait qu'il poursuivait son étude. Quand Juan notait dans son calepin comment les membres du gang forçaient un poivrot à descendre de la colline pour aller leur acheter des cigarettes, Juan savait que cela faisait partie de son travail. Et il le savait aussi lorsqu'il était le seul présent aux *miring* à ne pas appartenir à la pandilla, ou lorsque Destino lui confiait ses secrets les plus intimes, ou lorsque Little Down a commencé à prendre le contrôle du groupe. Juan voyait tout, jour après jour, grâce à sa patience, et parce qu'il avait compris que passer du temps ici était la clé de tout.

Et, chaque jour, il redescendait avec Samanta et son carnet rempli de notes.

Parfois, quand il revenait de la colline pour un dîner de famille ou boire des coups, on sentait que cette ténacité dans son travail le fissurait de l'intérieur. Il lui arrivait de se mettre à parler comme un *pandillero*, comme s'il avait besoin de quelques heures pour se dépouiller de tout ce qu'il avait noté dans son calepin.

Ce que vous allez lire maintenant, ce sont les notes de terrain d'un anthropologue fou qui s'est mis en tête de monter et remonter sur une colline dans le seul but de comprendre ce que signifie, pour une communauté, vivre au jour le jour avec la Mara Salvatrucha. Juan a voulu que, pour ses lecteurs, la pandilla cesse d'être seulement un sigle, deux lettres gigantesques, pour devenir un quotidien, des noms, des dynamiques de groupe, des destins individuels, des mots, des morts, des gosses, des maisons…

Lire un universitaire allergique aux salons climatisés, c'est un privilège. Et c'en est un double de le lire à propos de la Mara Salvatrucha. Il y a peu de groupes criminels sur lesquels on a écrit tant de crétineries en Amérique latine. Il y a le verbiage prétentieux de celui qui a tenté d'établir un lien organique entre les Maras et les Zetas, et l'éditeur ignorant qui a prétendu illustrer la symbolique des pandillas avec des tatouages de rockers téléchargés sur Internet. Il y a (tous les jours) les journalistes-pizzaïolos – capables de préparer et livrer leur marchandise en une demi-heure – qui parlent des *maras*, de leurs rites sataniques et de leur incarnation du mal absolu. Il y a encore certains universitaires et ONGistes condescendants qui, sans avoir le quart de la moitié des connaissances de Juan, ont fait carrière en nous servant la thèse du « pauvre *marero* opprimé », victime idéale de la société en lieu et place du « parfait méchant » vendu par les premiers.

La complexité du sujet des pandillas est souvent sous-estimée.

La Mara Salvatrucha a inspiré beaucoup de conneries. Il s'en est écrit des tonnes durant les mois où Juan et Samanta grimpaient jusqu'à la dernière communauté de la colline. Il s'en écrira d'autres.

Juan est un excellent écrivain : vous n'avez pas besoin de me croire sur parole, vous en avez la preuve ici, entre vos mains. Son style est mesuré, immunisé contre l'adjectif inutile. Il a écrit de nombreuses enquêtes journalistiques sur les pandillas, reprises par les principaux médias latino-américains et dans des recueils de chroniques. Avant même d'arriver dans la dernière communauté de la colline, il enquêtait depuis longtemps sur la MS et continue à l'étudier encore aujourd'hui. De fait, il travaille actuellement sur l'histoire d'un ancien membre de la Mara, un ex-tueur à gages de la MS qui a trahi la pandilla. Voilà deux ans qu'il est sur ce projet et qu'il retourne régulièrement dans la zone frontalière où se cache cet homme condamné à mort par les deux lettres capitales.

La Mara Salvatrucha est un phénomène important en Amérique centrale – personne ne remet cela en cause – mais aussi au Mexique, et elle est une composante essentielle de l'existence de nombreuses communautés *latinas* aux États-Unis. La Mara Salvatrucha est une « marque » internationale, qui a même essayé d'implanter des succursales en Espagne. La Mara Salvatrucha est l'histoire de l'échec de certains pays qui n'ont pas su quoi faire de jeunes qui ne savaient que faire de leurs vies. C'est l'histoire de politiques sociales désaxées qui ont fini par créer une fourmilière d'assassins. La Mara Salvatrucha, c'est une histoire mondiale. Ce livre est consacré à la Mara Salvatrucha mais il va encore plus loin : il ouvre sur son intimité, sur ce que la Mara Salvatrucha fait derrière les portes closes.

Si je devais choisir la principale raison de lire ce livre, cependant, ce ne serait ni l'un ni l'autre des deux aspects que je viens de mentionner : je choisirais la folie de Juan. Je choisirais la noble croyance d'un chercheur en l'importance de faire connaître son sujet d'étude. Je choisirais la ténacité d'un homme gravissant encore et encore une terrible colline sur sa moto sans que personne ne le paie un dollar pour le faire, uniquement parce qu'il croit que ce qu'il va expliquer peut changer quelque chose. Je choisirais cette folie – ou cette grandeur d'âme, selon comment on voudra l'appeler –, parce qu'à l'instar des bons livres consacrés à la Mara Salvatrucha, c'est une chose qui se fait bien rare en ce monde.

Avant-propos de l'auteur

LES RÉCITS RÉUNIS DANS CE LIVRE se rapportent au dernier maillon d'une chaîne d'événements et de phénomènes socio-culturels qui ont débuté il y a très, très longtemps, et très loin de la communauté isolée de ce coin du Salvador dont il est ici question. Un vertigineux voyage à travers l'histoire et le continent américain. Ce texte traite de la vie des membres d'une cellule de la Mara Salvatrucha 13 (MS-13) dans une banlieue de San Salvador, de la communauté sur laquelle ils règnent et de la guerre sans merci qui les oppose aux jeunes de la pandilla Barrio 18. Pourtant, il a fallu que beaucoup de choses se passent avant que ces adolescents ne décident de marquer leur corps « avec les deux lettres » et de vouer leur existence à l'une des plus grandes pandillas de la planète. Il a fallu une longue accumulation de contingences et de hasards, d'injustices et d'inégalités, pour que les deux principales pandillas d'Amérique se retrouvent au Salvador et s'affrontent dans le conflit de gangs le plus sanglant de l'histoire récente du continent.

En 1938, l'écrivain allemand Carl Stephenson publiait une nouvelle intitulée *Leiningens Kampf mit den Ameisen*, que l'on pourrait traduire par « Le combat de Leiningen avec les fourmis ». Il y est question d'un millionnaire qui décide de créer une plantation de cacao dans la forêt amazonienne au Brésil, un rêve contrarié par l'invasion d'innombrables et voraces fourmis qui détruisent tout et manquent de dévorer ledit Leiningen en personne. Ce conte, devenu très populaire dans plusieurs pays et traduit en anglais sous le titre *Leiningen Versus the Ants*, allait être adapté au cinéma quelques années plus tard par le réalisateur nord-américain Byron Haskin, subissant encore une mutation et devenant en 1954 *The Naked Jungle*, avec Charlton Heston dans le rôle de Leiningen. Cela a été un grand succès en salles. La mondialisation étant alors encore balbutiante et les canaux de distributions limités, le film n'arriva pourtant au Salvador que lors de la décennie suivante, cette fois sous le titre surprenant de *Cuando ruge la marabunta,* Quand la *marabunta* gronde. On était désormais très loin du nom donné initialement à l'œuvre par son créateur allemand mais, à l'écran, l'élégant Charlton Heston continuait à lutter pour empêcher des millions de fourmis légionnaires d'engloutir sa fortune.

Au Salvador, le succès du film fut tel qu'il en vint à transformer le mot par lequel les gens désignaient en langage courant un groupe d'amis, ou une foule : la « *majada*[1] »

1. Littéralement, « troupeau » (NdT).

de jadis allait trouver sa version moderne dans la *marabunta* ou, tout simplement, la *mara*.

Le terme « *mara* » a rapidement intégré le vocabulaire de tous les jours des Salvadoriens au point de devenir un mot incontournable de l'argot juvénile. À cette époque, il n'avait donc pas de connotation péjorative. « Mara » désignait soit une bande de copains, soit une multitude agitée.

Au cours de la même décennie, les années 1960, le pays allait connaître des transformations importantes. Les premiers groupes insurrectionnels commencèrent à se renforcer, tandis que dans le cerveau de certains intellectuels et leaders de la classe ouvrière germait l'idée de la lutte armée comme moyen de renverser le régime militaire soutenu par la vieille oligarchie des plantations de café. Pourtant, ce n'est qu'en 1975 que devaient apparaître les premiers groupes armés capables d'infliger des coups sérieux à l'État, ouvrant la voie au développement d'une guerre civile sanglante[1]. Alors que la répression contre-insurrectionnelle s'intensifiait (et accroissait ses moyens technologiques avec le soutien des autorités nord-américaines), les disparitions et les assassinats allaient se compter par centaines dès 1979. Les deux factions opposées étant puissantes, la guerre civile allait impliquer des milliers de jeunes, soit recrutés par l'armée, soit ralliés aux réseaux de guérilla, qui se lancèrent dans les montagnes pour aller combattre « l'ennemi ». Dans ce contexte, nombre de Salvadoriens allaient choisir l'exil, certains parce qu'ils étaient directement menacés par les

1. Cf. Galeas Geovani, *Héroes bajo sospecha*, Athenas, San Salvador, 2013. (NdA)

formations paramilitaires, d'autres simplement par peur de la guerre. Ils allaient trouver refuge dans des pays tels que la Suède, l'Australie, le Canada, le Costa Rica, la grande majorité prenant toutefois le chemin des États-Unis, et notamment celui de Los Angeles, en Californie, qui était alors déjà considérée comme La Mecque des pandillas. Les Salvadoriens y constituaient la vague migratrice la plus récente, des décennies après l'arrivée des travailleurs clandestins mexicains de la fin du XIXe siècle et de ceux du programme d'émigration Braceros des années 1940. Venus trouver une terre de lait et miel en Californie, les Salvadoriens se rendirent vite compte que se livraient ici d'autres types de guerres que celle qu'ils avaient fuie : des centaines de gangs chicanos se battaient entre eux pour le contrôle du territoire, pour obtenir un statut et des zones de pouvoir dans les rues de la ville. Ils affrontaient aussi des bandes issues d'autres minorités ethniques, afro-américaines, anglo et irlando-américaines ou asiatiques, reflétant les tensions raciales et la féroce compétition régnant parmi les immigrés et les autres secteurs marginalisés de la ville.

Les Salvadoriens connurent de sérieux problèmes pour s'intégrer. La marginalisation et la discrimination infligées par les émigrés les plus anciens furent violentes. Mais comme les pierres deviennent plus résistantes sous une pression plus importante, les noyaux de Salvadoriens devinrent plus unis, plus forts dans les villes californiennes. Dans son enquête menée fin 1979, l'anthropologue Tom Ward a étudié les premiers groupes précurseurs de la Mara Salvatrucha, la version initiale de ce qui est de nos jours connue comme la MS-13[1]. Il s'agissait de groupes de jeunes Salvadoriens, des immigrés de la première génération qui avaient grandi dans un Salvador en proie à la répression et qui étaient désormais réfugiés chez leurs parents en Californie. Ils portaient les cheveux longs, s'habillaient en noir et écoutaient du *black metal*. Ils ne formaient pas une pandilla comme on l'entendait alors à Los Angeles, mais ils commençaient à être en conflit avec des groupes culturellement similaires, tels que la TMC, les Rebels ou les Crazy Riders, des bandes elles aussi associées à un genre musical particulier.

C'est à cette période, au milieu de ces multiples mécanismes de pression et de marginalisation, que le mot « *mara* », utilisé exclusivement par les Salvadoriens, s'est mué en important symbole d'identité. C'est un terme qui avait encore des échos du pays d'origine, un souvenir sonore du Salvador. Selon l'anthropologue Abilio Vergara[2], c'est l'une des fonctions essentielles de l'argot : se différencier des autres, créer une barrière intangible entre « le nous » et « les autres ». Ainsi, ces groupes de Salvadoriens rockers et rebelles en sont venus à être connus sous le nom de La Mara Salvatrucha Stoners. « Salvatrucha » était simplement une manière de dire « salvadorien » en argot, tandis que « stoners » venait couronner le nom par l'affir-

1. Tom Ward, *Gangster without Borders, An Ethnography of a Salvadorean Street Gang*, Londres, Oxford University Press, 2012. (NdA)

2. Abilio Vergara Figueroa, *En los túneles del sentido : violencia, imaginarios, organización social, rituales y lenguaje en las pandillas de Ayacucho, Perú*, Mexico, ENAH, 2010. (NdA)

mation d'une identité rock. Entre 1979 et 1983, les différentes bandes de stoners salvadoriens se mirent à tisser des relations plus étroites entre elles, à standardiser leurs rituels d'initiation et à mener une guerre toujours plus violente contre les autres pandillas hispaniques. Pourtant, ces groupes manquaient d'essence « chicana ». Leurs codes esthétiques et leurs styles de vie ne cadraient pas avec ceux adoptés par les autres pandillas. C'est la culture des gangs chicanos héritée de vieux groupes comme la White Fence 13, la Hawaian Gardens 13, la Artensias 13 ou le Barrio 38, qui dominait : crânes rasés, pantalons baggy, tatouages. Rien à voir avec les pantalons slims, les cheveux longs et les chemises noires des concerts de rock qui caractérisaient la Mara Salvatrucha Stoner.

Ces pandillas de vieille souche que nous venons de mentionner existaient alors en Californie depuis des décennies. Certaines avaient été fondées par des Mexicains émigrés dans les années 1920 et entretenaient un système complexe d'agressions réciproques et d'alliances codifiées avec d'autres bandes latinas[1].

Ce système, qui au début des années 1980 continuait à maintenir à l'écart les MSS (Mara Salvatrucha Stoners), avait été institué au milieu du XXe siècle lorsque des pandilleros chicanos du sud de l'État, appartenant à différentes factions rivales, avaient décidé de former un groupe exclusif de pandilleros incarcérés. Un peu comme les sélections

---

1. Lara Marco, *Hoy te toca la muerte : el imperio de las maras visto desde adentro*, Planeta, Mexico, 2006. (NdA)

nationales de football se constituent en choisissant des joueurs venus de différentes équipes. Ce groupe, issu de funestes luttes de pouvoir au sein du système carcéral californien, s'était baptisé la Mafia Mexicana, ou « la Eme » ; il s'identifiait aussi au numéro 13, puisque le M est la treizième lettre de l'alphabet. C'est pour cette raison que toutes les pandillas chicanas du sud de la Californie adoptèrent le numéro 13 dans leur nom, en signe de subordination à cette « pandilla de pandillas » qui régnait sur les rues depuis la prison[1].

À la moitié des années 1980, de nombreux mareros avaient déjà fini en prison à la suite d'altercations avec des autres pandillas, des vols à main armée, du trafic de drogue, etc. C'est là, derrière les barreaux, que ces Salvadoriens adoptèrent peu à peu le style de vie des Chicanos, reprenant non seulement leur esthétique et leur argot mais aussi leur culture et leurs mœurs. Une fois ces détenus libérés, les changements commencèrent à se faire sentir dans les rues, de telle sorte que, dès 1986, on se mit à parler de « Mara Salvatrucha 13 » : elle avait intégré le système des pandillas du sud de la Californie, devenant une cible légitime pour les autres pandillas. C'est une sorte de jeu, sérieux, complexe, violent, mais tout de même un jeu.

La Mara Salvatrucha 13 ne perdit pas de temps à entrer en conflit ouvert avec toutes les pandillas qu'elle croisait sur son chemin. Les mareros se lancèrent à

---

1. Chris Blatchford, *Mafia chicana, Memorias de René (Boxer) Enríquez*, Ediciones B, Mexico, 2012. (NdA)

fond dans le jeu, en se passant bien souvent des règles. Beaucoup d'entre eux avaient appartenu aux forces armées ou à la guérilla, au Salvador, ou avaient côtoyé la violence d'une façon ou d'une autre dans leur histoire. « Les autres, ils croyaient qu'ils savaient ce qu'était la violence, ahah, fuck !, m'a dit un jour un vétéran de la MS-13. Mais nous, on leur a montré ce que c'était la vraie putain de violence ! » La nouvelle pandilla se hérisse d'épines et elle pique de tous côtés, devenant l'ennemi de tous.

Dans ce contexte de guerre totale sur de multiples fronts, seule une pandilla protégea et d'une certaine manière parraina la MS-13 durant son développement au sein du système de gangs californiens. C'était une bande déjà ancienne, qui remontait aux années 1960, initialement composée de Mexicains ou de Chicanos mais qui avait fini par assouplir ses critères d'appartenance ethnique, ouvrant ses rangs à des Philippins, des gens des Caraïbes ou d'Amérique centrale : la Eighteen Street Gang, ou Barrio 18. Pendant un temps, la MS-13 fit son chemin de concert avec elle, comme deux structures sœurs. Cela permit aux clicas de la Mara Salvatrucha 13 de grossir et de s'emparer de territoires importants sous la protection de leurs mentors. C'est alors qu'apparurent les cellules ou clicas comme La Normandie Locos Salvatrucha, la Hollywood Locos Salvatrucha, les Leeward Locos Salvatrucha, Coronado Locos Salvatrucha, pour n'en citer que quelques-unes. Elles peignirent leurs symboles sur les murs des quartiers et firent craindre et respecter leur nom à force de machettes, de balles et de barbarie.

L'alliance avec le Barrio 18 a volé en éclats en 1988, près du King Boulevard à Los Angeles, lors d'une nuit de fête de pandilla. Les raisons ne sont pas très claires : certains anciens affirment que la rupture a été provoquée par une bagarre entre El Popeye, de la clica Western, et un membre du 18 appelé Boxer ; d'autres racontent que c'est en représailles d'une raclée reçue par un leader du Barrio 18, El Pony, qui avait auparavant fait partie de la MS-13 ; d'autres encore soutiennent que tout cela n'est, au départ, qu'une affaire de jupons. Quoi qu'il en soit, après la baston, un groupe du Barrio 18 est revenu sur place en voiture et a déchargé un fusil automatique sur Shaggy, membre de la clica des Western Locos Salvatrucha. Ce qui est sûr, c'est que Shaggy est mort là, après s'être vidé de son sang, et que, depuis, la guerre entre les deux pandillas a pris des proportions incontrôlables, se propageant à travers les frontières d'Amérique centrale.

Au même moment, la guerre civile salvadorienne, qui avait éclaté au début des années 1980, prit officiellement fin le 16 janvier 1992, laissant le Salvador en ruines. Les infrastructures n'étaient plus qu'un tas de décombres et le tissu social était irrémédiablement déchiré. Le Salvador était rempli de chômeurs, d'estropiés, d'orphelins et de désespérés. Alors que l'État se recomposait après la tuerie, les combattants de l'armée régulière comme ceux de la guérilla se retrouvèrent officiellement sans emploi. Cette période vit donc les bandes de voleurs, de kidnappeurs et de tueurs à gages proliférer, ainsi qu'une série de pandillas étudiantes et de quartier qui n'avaient rien d'innocentes. C'est précisément à ce moment-là, comme une mauvaise plaisanterie inattendue, que le gouvernement des États-Unis décida d'expulser des centaines de pandilleros de Californie, en grande majorité de jeunes hommes appartenant à la Mara Salvatrucha 13 ou au Barrio 18. Beaucoup d'entre eux étaient partis du pays enfants ou adolescents, mais c'étaient des hommes qui revenaient. Salvatruchos ou *dieciocheros* partageaient un point commun : ils connaissaient parfaitement le système des gangs californiens et étaient passés par la prison. De retour au pays, ils se comportèrent comme des prédateurs affamés, comme une marabunta de fourmis. Ils dévorèrent tout ce qui se trouvait sur leur passage. Les petites bandes locales n'eurent d'autre choix que de se soumettre à l'un ou l'autre des deux gangs majeurs. C'était soit la soumission, soit l'annihilation. Les cellules de la MS-13 se reproduisirent sur place par clonage, incorporant des jeunes restés au pays. De nouvelles clicas se constituèrent, avec leurs propres noms. La MS-13 et le Barrio 18 se propagèrent à une vitesse époustouflante à travers les communautés du Salvador, à tel point qu'à la fin des années 1990, tous les quartiers marginalisés du pays étaient passés sous leur contrôle. Le taux d'homicides atteignit le plus haut niveau de tout le continent, rejoignant ceux du Honduras et du Guatemala. Sans nul doute, une autre guerre venait de commencer, mais celle-ci s'annonçait encore plus longue.

Les mareros de la MS 13 créèrent les répliques exactes des cellules auxquelles ils avaient appartenu « dans le Nord », comme la Hollywood Locos Salvatrucha, la Fulton Locos Salvatrucha de la Vallée de San Fernando à Los Angeles, ou la Francis Locos Salvatrucha de la rue Francis de la même ville, etc. En même temps, ils comprirent la nécessité de former des clicas indigènes, ancrées dans les zones qu'ils voulaient contrôler, et c'est ainsi qu'apparurent les deux premières cellules authentiquement salvadoriennes de la Mara Salvatrucha 13, très probablement les premières à être fondées en dehors des États-Unis : les Sansivar Locos Salvatrucha et les Harrison Locos Salvatrucha, ces derniers dans le quartier Harrison de San Jacinto, à San Salvador. Des centaines d'autres allaient suivre ces deux coups d'essai.

Dans la ville de Mejicanos, l'une des plus peuplées et les plus violentes du département de San Salvador, dans les communautés de la colline Montreal, après l'extermination de la pandilla locale du Gallo, a été fondée en 1999 la clica des Guanacos Criminales Salvatrucha de la MS-13, lesquels règnent, depuis, en maîtres sur les hauteurs de la colline. En réponse, la clica Columbia Little Syco du Barrio 18 a établi son contrôle sur toutes les communautés à flanc de la colline Montreal.

J'ai eu la possibilité de passer une année entière avec les membres de la MS-13 de cette colline, alors que je travaillais à ma thèse d'anthropologie sur la violence des pandillas. De janvier à décembre 2010, j'ai pu étudier la guerre entre les deux groupes, et me familiariser avec l'existence de cette communauté prise entre deux feux. Ce livre est de fait le récit d'un moment de cette guerre : c'est une photo instantanée de ce qui s'est passé pendant un an dans la dernière communauté de la colline Montreal. On lira ici les notes de terrain prises au cours de cette enquête, la source du travail académique qu'elles allaient nourrir.

Je crois nécessaire de préciser que ce texte n'est pas un document scientifique, au sens strict du terme, mais ce n'est pas non plus une fiction : tous les faits rapportés ici sont véridiques, toutes les constatations compilées sont le fruit d'une application rigoureuse de la méthode de recherche ethnographique, dans son acception la plus artisanale, la plus empirique. Le résultat, je pense, se rapproche autant que possible – et sans sous-estimer l'énorme distance qui l'en sépare – de ce que le regretté maître Oscar Lewis appelait « réalisme ethnographique ».

Et donc, en arrêtant ici les préambules, je laisse entre vos mains les récits qui ont été écrits là-bas. Dans la dernière communauté de la colline.

JOURNAL
DE
LA COLLINE

La dernière communauté de la colline

CE N'EST SANS DOUTE PAS le meilleur jour pour commencer l'enquête : 18 au calendrier, mauvais présage pour la Mara Salvatrucha 13. Aujourd'hui, le gang Barrio 18 a coutume de faire payer les morts que la MS a causées cinq jours plus tôt, le 13. La tension est palpable sur toute la colline.

Tandis que nous montons à la recherche de la toute dernière communauté, au sommet de la colline, les regards se collent à nous comme des sangsues, nous escortent pour nous intimider, jusqu'à nous laisser à d'autres paires d'yeux qui recommencent le processus.

« Roule un peu plus vite si tu peux, *bróder.* »

C'est Marcos qui parle, le deuxième passager de la petite moto chinoise qui nous amène là-haut. Il m'oblige à pousser le moteur à l'en faire couiner d'épuisement. La machine peine et se plaint dans un cri métallique chaque fois que nous rencontrons une nouvelle ornière. Marcos répète, en essayant de déguiser sa nervosité :

« Peut-être encore un peu plus vite. Quand on sera plus haut, on pourra y aller plus tranquille. »

Les communautés par lesquelles nous passons ont un air de campagne. Bucolique, brusquement. Ce sont des chemins de terre et des maisonnettes entourées de petits potagers. Presque toutes les habitations sont en briques, avec un toit en fibrociment, mais on distingue encore leur arrière-goût de baraques en tôle ondulée et en carton. S'il n'y avait pas les graffitis, on pourrait se croire dans n'importe quel hameau de bordure de ville. Ce n'est pas la saison des pluies mais nous traversons de temps à autre des ravins faméliques au fond desquels résiste encore un filet d'eau sale. L'hiver venu, ce ruisseau se transformera en monstrueux torrent menaçant d'effacer toute trace de vie humaine alentour.

« Par ici, c'est pas encore le plus craignos. Plus loin, il y a le ravin où ils balançaient les cadavres. »

Avec ses commentaires, Marcos apporte un peu d'animation à notre ascension. C'est un jeune, dans les dix-neuf ans, qui a passé toute sa vie dans ce coin. Son frère aîné a appartenu à la Mara Salvatrucha, et il connaît ces routes comme le creux de sa main. Maintenant, il me guide dans cet enfer tel Virgile ; et moi, maladroit et effrayé, je suis ses indications au pied de la lettre. S'il me dit de ne pas regarder par là, je ne le fais pas ; s'il me demande d'accélérer, je pousse la moto sans discuter.

« C'est bon, à partir de maintenant tu peux y aller plus tranquille, ici, on est déjà en territoire Salvatrucha », me dit-il, et vu le ton de sa voix je suppose que ça devrait me rassurer.

Peu à peu, en nombre toujours croissant, des graffitis de la MS-13 peints en noir ou bleu apparaissent sur les murs. À mesure que l'on monte, les poteaux, les murs et les trottoirs nous apprennent que ce sont les inféodés à ces deux lettres qui vivent ici.

Nous parvenons à notre destination : la dernière communauté de cette colline. Nous sommes accueillis à l'entrée par une grande fresque murale de la pandilla, gardée par un groupe de jeunes qui nous observent, pleins de défi, en levant la tête comme s'ils nous tenaient en joue avec le menton. Marcos les salue. Ils nous scannent du regard et reprennent leur poste sans répondre. Comme de vieilles dévotes, à garder farouchement leur saint de peinture acrylique.

Ce qui m'amène ici, c'est le travail de terrain pour une thèse d'anthropologie sur la violence au Salvador, en particulier celle générée par la guerre entre les deux principales pandillas de toute l'Amérique : la Mara Salvatrucha 13 et le Barrio 18. Depuis la fin des années 1980, ces deux groupes entretiennent un conflit cyclique qui est passé des rues de Los Angeles à ces contrées salvadoriennes. Les raisons et les significations profondes de cette guerre d'enfants sont précisément ce qui m'a fait monter jusqu'ici.

Deux mois auparavant, j'avais commencé à frapper aux portes des ONG qui travaillent avec les pandilleros, à la recherche de contacts et de recommandations qui me permettraient d'y avoir accès. Une à une, les portes se sont fermées sous mon nez, sous prétexte que la situation était trop compliquée. À force de chercher, j'ai finalement trouvé un prêtre disposé à m'aider. L'organisation qu'il dirige est active dans cette zone depuis des années, des rapports de confiance se sont établis avec la pandilla du coin. Il a créé un centre de jeunesse au sommet de la colline et c'est là où Marcos m'emmène maintenant.

C'est une grande maison, pas loin de la limite de la communauté, pratiquement là où se termine la seule route qui conduit jusqu'ici. À l'entrée, on tombe sur Gustavo en train de peindre des lettres de couleur sur le mur. C'est le responsable de ce centre. Il est jeune, entre vingt-cinq et trente ans. Il bouge et s'exprime comme s'il se promenait sur une plage paisible. On a l'impression que rien ni personne ne peut perturber Gustavo.

Sur le même ton serein et confiant, il me dit que oui, le prêtre lui a parlé de moi, et il me pose quelques questions sur le but de mon étude. Je me répands en explications sur le cadre théorique que j'ai choisi, le schéma méthodologique que je pense suivre, les principales hypothèses de travail. Aucun commentaire. Silence, puis :

« Donc, en gros, tu veux faire la connaissance de pandilleros ? Il y en a, ici, mais ils sont bien tranquilles… »

Il pose cette question et croise les bras.

« Oui, c'est à peu près ça… »

Gustavo m'explique que si j'ai envie de rester en vie pour pouvoir poursuivre mon étude, il y a plusieurs choses que je dois savoir, et plusieurs règles que je dois observer. La première est impérative : ne jamais mentionner, et encore moins prononcer à voix haute, le numéro 18, ni porter de tee-shirt sur lequel ce chiffre apparaît. Visiblement, dans ces parages, le 18 attire la mort comme un aimant le métal. Je ne dois pas me déplacer seul. Les gens d'ici ne me connaissent pas, ils pourraient me prendre pour un ennemi. Marcos confirme les propos de Gustavo en hochant nerveusement la tête. Les deux me racontent que le dernier curé novice qui n'a pas suivi cette règle a été intercepté par la pandilla alors qu'il montait la colline, et qu'ils l'ont obligé à se déshabiller entièrement pour chercher des tatouages sur lui. Gustavo m'observe des pieds à la tête et désapprouve :

« Non, tu peux pas te pointer ici comme ça, c'est dangereux. »

Il fait allusion à ma boucle d'oreille et à ma coupe de cheveux. Il me dit que je dois avoir l'air plus formel, plus sérieux. Mais nous parvenons à un accord : Gustavo va me permettre de visiter le centre de jeunesse et de mener mon enquête à partir d'ici ; en échange, je devrai collaborer à ses projets.

Alors que je m'apprête à repartir, Gustavo et Marcos se consultent à voix basse avant de me faire une proposition que je ne peux pas refuser :

« Eh, tu voudrais pas rencontrer les chefs d'ici ? »

Quand je réponds que si, bien sûr, ils commencent à m'expliquer qu'il y a tout un protocole à respecter. Ils me font la leçon comme s'ils allaient sortir une bête sauvage de sa cage. Ils insistent sur le fait que je ne dois jamais regarder leurs tatouages, ni leur poser aucune question : seulement me présenter à eux et dégager.

Marcos va dans l'arrière-cour, les mains entrelacées à hauteur du ventre, et revient au bout de trois minutes avec deux hommes. Ils doivent avoir dans les trente ans. L'un est très brun et porte une moustache clairsemée qui se confond avec les tatouages sur son visage, il a le crâne rasé et un énorme piercing à l'oreille gauche. Le second a le teint blanc, des cheveux vaguement blonds, un gigantesque MS tatoué sur le front, et il me jauge de haut en bas tout en me tendant la main avec l'aplomb de quelqu'un qui sait qu'il en impose. Ils me demandent mon nom, me disent le leur et repartent d'un pas rapide et assuré.

Le lendemain, Gustavo m'attendra au pied de la colline pour remonter avec moi à sept heures du matin. En quittant le centre de jeunesse, je remarque une immense peinture murale en face, avec le sigle GCS, pour Guanacos Criminales Salvatrucha, la clica qui contrôle cette colline.

Avec Marcos, on remonte sur la petite moto et on fait la route en sens inverse. Peu à peu, on laisse derrière nous les ravins, les chemins de terre et les graffitis de la pandilla. À nouveau, mon Virgile me supplie :

« Et si on allait un peu plus vite, *bróder* ? »

Le balai de la vérité

IL EST DIX HEURES du matin et dans le patio arrière du centre de jeunesse, quatre pandilleros se tiennent en demi-lune devant une fille d'une quinzaine d'années assise sur une chaise en plastique. L'un d'eux fait les cent pas devant elle, la moitié d'un manche à balai entre les mains.

« Non, non, nooon ! Moi, je ne les connais même pas. Je traîne pas avec eux. »

La fille proteste en pleurant. Aussitôt, on entend un coup sec.

« Nooon ! Je les connais même pas, je les vois à peine. »

La supplication se répète. Chaque coup s'accompagne d'une sorte de grognement, et puis ça recommence :

« Nooon ! Je leur ai rien dit, je leur ai rien dit, puisque je traîne pas avec eux. »

Celui qui tient le manche à balai est un adolescent. Il est brun, porte un énorme piercing doré à chaque oreille et une moustache clairsemée dans laquelle des tas de gouttes de sueur se sont accumulés. Il a enlevé sa chemise et se balade devant la petite en agitant le bâton. Quand il me regarde, il penche la tête de côté et sa lèvre supérieure se soulève, tel un chien montrant les crocs. Il ne s'adresse pas à moi, il se contente de me fixer du regard. Les autres entourent la fille et lui posent des questions, à toute vitesse, sans attendre de réponse et en demandant de temps à autre la contribution du quatrième, qui se rapproche alors en silence et en brandissant son arme. Gustavo sort de son bureau et vient observer le procès de la fille. Il reste impassible, dissimulant ses réactions, avant de me montrer des yeux la porte de son bureau pour que je l'y suive. Une fois là-bas, il me recommande de faire attention, quand je regarde. Il me dit que l'ancien responsable du centre a dû abandonner son poste sous les menaces de la pandilla. Apparemment, il n'avait pas bien saisi la formule qui est devenue la norme par ici : voir, entendre et se taire.

Aujourd'hui, nous sommes montés tôt le matin. Gustavo m'a embarqué en bas dans la voiture de l'organisation qui s'occupe du centre de jeunesse, et le trajet a été nettement plus tranquille que la fois précédente : à cette heure-là, nous n'avons croisé aucun pandillero, et les regards étaient moins insistants. Le centre de jeunesse est une grande maison avec trois pièces, une immense cuisine et un patio à l'arrière. Pas vraiment accueillant, même si Gustavo a décoré les lieux avec des dessins colorés et des affiches d'information sur le sida. Malgré ça, l'endroit garde une atmosphère lugubre, assez déprimante. Le sol est couvert d'une sorte de suie noire qui colle aux semelles dès la mi-journée. Le bas des murs est constellé de traces de chaussures et d'empreintes de mains plus haut. Comme si chaque jeune entré ici avait voulu y laisser sa marque. Partout, des cœurs avec des noms entrelacés et des petits graffitis de la MS.

Dans le patio, le pandillero blond auquel on m'a présenté la fois d'avant pousse les feuilles mortes dans un coin avec un balai. Il est sorti de prison il y a quelques mois seulement et, quand il ne passe pas la nuit chez un des pandilleros, il dort au centre. J'attrape un autre balai pour l'aider. Il est un peu sourd et je dois presque crier pour qu'il me comprenne. Il a l'air calme. De temps en temps, il abandonne le balai et scrute du regard les contreforts de la colline. On cause de tout et de rien. Il me parle de son chien, un pitbull dressé à combattre, du froid qu'il fait la nuit sur ces hauteurs, du tracas que c'est de devoir sans arrêt échapper aux patrouilles de la PNC, la police nationale civile. Il parsème ses phrases de « merci », « s'il te plaît », « grâce à Dieu », comme s'il s'efforçait de paraître bien élevé. Une fois les feuilles réunies en tas, il les fourre dans un sac noir et s'assoit sur une chaise en plastique pour dessiner sur papier l'ébauche d'un tatouage. Son nom pour la pandilla est Destino, le Destin. D'après ce qu'on m'a dit, c'est l'un des fondateurs de la clica, et son dirigeant actuel.

Au fur et à mesure que la matinée s'écoule, une procession de pandilleros commence à se présenter au centre de jeunesse. Ils disent à peine bonjour d'un geste brusque et vont droit à la cour où Destino les attend sur sa chaise. Ils s'approchent, lui parlent à l'oreille et repartent rapidement.

Peu à peu, le patio se transforme en une sorte de bureau. Les deux portables du chef n'arrêtent pas de sonner. Ainsi installé sur son trône en plastique, tout à fait dans le style d'Al Pacino dans *Le Parrain*, Destino passe là toute la matinée. Il ne s'est levé qu'une fois, pour laisser place aux quatre pandilleros arrivés en traînant par les bras la fille épouvantée, avec leur moitié de manche à balai.

C'est l'heure du déjeuner. On est en train de manger une soupe instantanée avec Destino quand l'un des jeunes qui ont torturé la fille débarque. Comme tous les autres, il s'approche de mon hôte avec respect, un air soumis. Là, dans un geste que j'interprète comme une façon de se faire bien voir de son chef, il pose un billet d'un dollar sur la chaise et me dit :

« Tiens, va t'acheter un soda. »

J'obéis. Moins de cinq minutes plus tard, je sers des verres de Salva-Cola à la ronde. Ce pandillero est un mec trapu, brun, aux yeux vifs. Il porte un pull noir moulant, des Nike noires, avec le logo blanc sur les côtés. Il se déplace rapidement, en regardant tout le temps dans tous les sens, comme un détecteur de mouvements humain. Plus tard, je vais découvrir qu'il est le *sicario* de la clica Guanacos Criminales Salvatrucha, qu'il a assassiné deux jeunes au revolver quelques jours plus tôt sur les flancs de cette colline, qu'on l'appelle Little Down et que la fille qu'ils torturaient est l'une de ses fiancées. D'autres membres de la pandilla font leur apparition dans le patio et se mettent à converser dans un argot dont je ne capte que quelques mots. Certains me regardent avec méfiance, d'autres m'ignorent, mais de toute façon je me dis qu'il vaut mieux m'esquiver et les laisser parler tranquillement entre eux. Je pars à la recherche de cigarettes.

À cette heure de la journée, la rue principale, la seule qui monte jusque-là, est calme. D'ici, on peut la voir serpenter en direction du bas de la colline. Les passants descendent à pas prudents. Des femmes portent cruches ou paniers en équilibre sur la tête. Une véritable prouesse dans une pente pareille.

Soudain, je croise un pandillero sur mon chemin. Son pull vert couvre ses bras jusqu'aux poignets mais des tatouages dépassent de son col. En me voyant, il ralentit sa marche et me fixe du regard. Je ne le connais pas, mais il semble m'avoir reconnu, lui. Je lui demande s'il a une cigarette à m'offrir, ou s'il sait où il y a une boutique qui en vend.

« Ah, c'est des clopes que tu veux. Pas de soucis. Je fume pas mais si tu me permets, je vais envoyer un couillon en chercher. »

Il promène son regard et tombe sur un type en guenilles qui remonte péniblement cette côte impressionnante, ses vieux poumons l'obligeant souvent à s'arrêter. Le pandillero lui crie dessus :

« Hé ! toi, poivrot. Va chercher des cigarettes à ce mec. »

Le vieux se retourne pour considérer la pente qu'il vient de gravir et, sur un ton de résignation infinie, il me demande :

« Menthol ou pas ? »

La rente[1] *de Destino*

UN AIR DE TENSION FLOTTE sur la dernière communauté de la colline. La nuit dernière, un commando de la PNC a effectué un raid et embarqué plusieurs membres de la clica de Destino. Les Guanacos Criminales Salvatrucha entrent et sortent du centre de jeunesse sans nous saluer, ni moi ni Gustavo. Celui-ci est penché depuis des heures sur un énorme puzzle, complètement absorbé, ne le quittant des yeux que pour s'assurer qu'aucune pièce ne s'est échappée en tombant par terre.

Au milieu de ce chaos surgit Hugo. C'est un enfant, il a douze ans et des yeux gigantesques qui se plissent quand il rit. Il tourne autour des membres de la pandilla comme un satellite en orbite, et semble être un protégé de Destino. L'enfant lance aux pandilleros :

1. La « rente » *(renta)* est l'euphémisme par lequel les Salvadoriens désignent la rançon hebdomadaire que tous les petits commerces versent systématiquement aux pandillas. Ce phénomène d'extorsion existe dans tout le pays. (NdA)

« Hé, bande de merdeuses, vous voulez que je baise vos mères ? »

Destino éclate de rire, imité par les autres quelques secondes après. La blague de Hugo a eu du succès. Le seul à ne pas rire est Little Down. Il est assis sur sa chaise, raide comme une statue. Ses doigts palpent les amulettes qui pendent à son cou. Soudain, il se lève et vient s'asseoir à côté de moi. On parle un moment, il me raconte quelques anecdotes, nous échangeons nos numéros de téléphone et il s'en va. Comme hier, il est tout en noir, et quand il marche dans la rue principale les gens baissent les yeux et pressent le pas. Little Down avance d'une démarche nerveuse, la grappe d'amulettes qui tintent sur son torse annonçant son passage.

Pendant ce temps, à la porte du centre de jeunesse, deux femmes campent sur le seuil. Elles me demandent d'appeler Destino. Celui-ci quitte son trône de mauvaise grâce et va les voir. Ils parlent un moment, comme s'ils marchandaient. L'une des visiteuses est jeune et mince, avec deux fillettes qui s'accrochent à sa jupe et une troisième qui se dirige avec la détermination d'un zombie vers le puzzle de Gustavo. Mais ce dernier est peu disposé à partager son trésor et il lui jette un sale regard. La deuxième femme est grosse et nettement plus âgée que la première. Au bout d'un moment, le monarque pandillero sort une poignée de billets de sa poche et la leur donne. Gustavo lève les yeux de son jeu deux secondes pour m'expliquer que ce sont les épouses de pandilleros actuellement incarcérés, et qu'elles viennent chaque mois quémander de l'argent à Destino.

Les femmes ne s'en vont pas, elles continuent à marchander et, au bout d'un moment, elles reçoivent finalement une autre liasse de billets. Chacune donne alors l'accolade à Destino, l'embrasse sur les deux joues et elles s'éloignent, satisfaites de leur butin. Gustavo, qui vient de terminer son puzzle, me le montre avec fierté et s'empresse d'aller le ranger dans son bureau. Il y a sur son visage le sourire inimitable qu'inspire un travail bien fait.

Destino est resté à la porte et regarde les deux femmes partir avec son argent. Il plonge à nouveau la main dans sa poche, observe longuement les quelques pièces de monnaie qui lui restent et grogne :

« Putain, et après ça, on dit que les pandilleros ne paient de rente à personne. »

Le forfait de Karla

IL EST DEUX HEURES DE L'APRÈS-MIDI et la chaleur impose à nouveau son couvre-feu quotidien. Sur la colline, plus rien ne bouge. Les pneus de ma petite moto luttent pour ne pas s'embourber dans la terre et je laisse derrière moi un carnaval de poussière. Toute la colline a maintenant la même couleur jaunâtre, les feuilles sur les arbres comme les passants. Brusquement, au milieu de ce désert, un soldat surgit. C'est comme une apparition. Il marche seul, au pas, et il a le doigt sur la détente de son M16. Il regarde de tous côtés, montre discrètement son fusil automatique à chaque piéton qu'il croise. Il s'est sans doute fait décrocher d'un des convois militaires qui montent tous les jours sur la colline. Il avance dans ma direction et en le croisant je découvre sur son visage une expression de panique. Nous nous saluons d'un geste, et puis il disparaît dans les nuages de poussière.

Dans la dernière communauté de la colline, c'est partout pareil : tout est endormi dans un silence lourd et collant. Le soleil cogne sur les toits en métal, et il soulève de l'eau croupie des caniveaux une odeur tellement dense que l'on pourrait presque la voir. À l'intérieur du centre de jeunesse, je retrouve Gustavo. Il est en train de parler à deux novices que sa congrégation a envoyés travailler ici.

Dans le patio de derrière – le bureau de Destino – se tient une réunion. Deux visiteurs discutent avec les membres les plus anciens de la clica : en plus de Destino, il y a El Dark, le pandillero qu'on m'a présenté à ma première visite ; Little Down, le tueur à gages ; et El Maniaco, celui qui frappait la fille avec un manche à balai il y a quelques jours. Les deux inconnus sont là pour vendre quelque chose, et ils sont en train de marchander dur avec les Guanacos Criminales Salvatrucha. Ils ont chacun la trentaine avancée. L'un d'eux, un gros à moustache de paysan, comprime son bide dans un maillot de foot qui menace d'éclater. Il ressemble à une boulette de viande humaine. L'autre est bien habillé, avec une chemise boutonnée à manches longues et des bottes de *charro*, de cow-boy mexicain.

Deux gamins portant chacun une assiette débarquent soudainement. Ils les rapportent de la cantine qui se trouve sur le flanc de la colline, juste à la limite du territoire contrôlé par la Mara Salvatrucha. Ces plats valent trois dollars cinquante pièce, un véritable luxe dans ces parages. Les visiteurs attrapent les assiettes et les dévorent sous les regards alléchés des autres. De temps à autre, El Maniaco ouvre grand la bouche, tel un poisson tiré hors de l'eau ou comme si c'était lui qui était en train de manger. Leur déjeuner achevé, les deux types jettent les restes au sol et réclament des cigarettes. Tous les Guanacos se mettent en quatre pour satisfaire leurs moindres caprices, tous sauf Little Down qui ne dit rien. Affalé sur une chaise en plastique, il les regarde fixement avec un sourire de défi, tout en caressant ses amulettes.

Dehors, le soleil commence enfin à prendre pitié de nous et renonce à nous faire fondre sur place. Les gens sortent peu à peu de chez eux, les gosses reprennent leur raffut et même les chiens, qui s'étaient jusqu'alors transformés en tapis de poils étendus sur le trottoir, reprennent vie. Seul Hugo, le gamin parrainé par Destino, me suit dans la rue. Il s'assoit près de moi et rompt le silence toutes les cinq minutes en me bombardant de questions :

« Et cette moto, c'est à vous ? Et comment ça se conduit ? Je peux toucher ? »

Il me raconte que sa mère s'appelle Jazmín, qu'elle tient un stand de boissons fraîches devant la maison communale. Sa sœur, Karla, est la fille que les pandilleros ont torturée l'autre jour avec un manche à balai. Le crime qui a failli coûter la vie à Karla est d'avoir ramené une amie à la maison.

Rien d'autre. Le seul problème, c'est que cette amie vit au centre-ville, sur un versant de la colline que contrôle le Barrio 18. Après l'avoir interrogée, les Guanacos ont décidé de laisser la vie sauve à Karla, mais à une condition : elle n'est plus autorisée à poursuivre ses études. L'école qu'elle fréquente est également située en territoire ennemi.

Au coin de la rue, une femme installe un panier de petits pains qui attire bientôt la foule comme un aimant.

Les premières lumières s'allument. Dans le clair-obscur du début de soirée, les premiers cantiques montent des églises évangélistes. Elles sont nombreuses et se livrent à une compétition pour savoir qui portera le plus haut ses louanges à Dieu. Une guerre de décibels. Gustavo ferme le centre de jeunesse. Les Guanacos Criminales Salvatrucha quittent les lieux pratiquement en même temps que leurs deux visiteurs. Ils ont l'air d'avoir fait de bonnes affaires. Ces étranges messieurs regagnent leur voiture et redescendent de la colline en trombe. La nuit est tombée, maintenant. Destino et ses gars s'emparent d'un coin de rue pour fumer des joints et flirter avec la poignée d'admiratrices qui les entoure.

Au bout de la rue, la communauté catholique se prépare à riposter à l'offensive sonore des évangéliques. Une petite troupe de vieilles dames récite le rosaire et entonne des psaumes. Mais malgré leurs efforts – je jure qu'elles font ce qu'elles peuvent –, elles ne peuvent pas rivaliser avec les hurlements rageurs des pasteurs qui semblent vouloir intimider de leurs cris tous les démons de l'enfer, ou Lucifer lui-même.

Il se fait tard, il est temps que je m'en aille.

Dans la descente, pratiquement en bas de la colline, une patrouille de police a arrêté un minibus bourré de monde. Depuis l'arrière de leur pick-up, les policiers braquent leurs lampes sur les visages des passagers. L'un d'eux crie quelque chose au chauffeur du bus. À l'intérieur, les gens semblent sereins, ils se tassent les uns contre les autres et regardent la scène avec résignation, depuis le fond de leur boîte de sardines.

Présages de guerre

IL EST TOUT JUSTE MIDI et les arômes du déjeuner passent en procession à travers le village, un mélange d'odeurs de soupes instantanées, d'œufs, de haricots et de tortillas, des tas de tortillas à peine sorties du feu. À cette heure de la journée, la commune se divise en deux groupes principaux : ceux qui ont de quoi, et ceux qui n'ont pas de quoi. Ce qui détermine si on appartient à un groupe ou à l'autre est une économie précaire faite de cycles quotidiens qui ne permettent guère de faire des prévisions. Si on a gagné quelque chose pendant la matinée, on déjeune ; sinon, il faudra patienter jusqu'au dîner, en espérant que l'après-midi soit plus fructueux. Et si, la nuit venue, il n'y a rien à jeter dans la casserole d'eau bouillante… bah voilà, ce sera rien. Demain sera peut-être un jour meilleur.

Les premiers se retranchent dans leur maison pour cuisiner ce qu'ils ont pu trouver, en délayant avec de l'eau si ce n'est pas assez et en se rabattant sur les tortillas pour compléter le repas. Le second groupe, constitué de ceux qui n'ont pas de quoi déjeuner, se compose des alcooliques et des clochards de la communauté, de quelques enfants qui reniflent les odeurs de nourriture qui s'échappent des fenêtres, et de tous ceux à qui la matinée n'a laissé que l'espoir de faire mieux avant le soir.

Dans le patio du centre de jeunesse, Destino a abandonné son assiette à moitié entamée pour s'entretenir avec les deux mystérieux visiteurs qui étaient là hier. Visiblement, ils sont venus livrer ce que le chef de la clica avait négocié avec tant d'insistance. Celui à la dégaine de cow-boy mexicain semble nerveux. Il frappe le sol du talon de ses bottes et il fait danser sa cigarette entre ses doigts.

« *"Que posteen"*, il faut qu'ils guettent, Destino ! T'as tes mecs qui guettent, ou quoi ? »

D'un grand geste, il montre à Destino la colline et la route qui en descend. Quant au verbe, il est déjà entré dans le langage courant. « *Postear* » : guetter, monter la garde sans bouger, comme un poteau avec des yeux.

« Oui, monsieur ! » répond Destino comme si la question l'avait offensé.

En effet, il y a des Guanacos Criminales Salvatrucha éparpillés dans tous les coins. Ils patrouillent la communauté et les hauteurs qui les entourent depuis le matin, en groupes organisés. De loin, j'aperçois El Maniaco. Il est posté à l'entrée de la communauté, une main passée sous sa chemise. Près de lui se tient Bernardo, l'un des aspirants pandilleros. Voilà quelques mois qu'il essaie d'intégrer la clica, mais pour l'instant on ne lui a confié que des tâches mineures. C'est un grand maigrelet d'une quinzaine d'années, le portrait vivant de l'adolescence avec son visage couvert d'acné. Il se tient maintenant debout aux côtés d'El Maniaco, tendant le cou pour renifler le bas de la rue principale.

El Noche, le pandillero qui avait envoyé le poivrot me chercher des cigarettes, mène une patrouille de petits jeunes. Il porte un polo aux manches relevées, laissant voir ses bras couverts de tatouages. En passant à côté de moi, pour me saluer, il forme avec les doigts la griffe de la Salvatrucha, la *garra salvatrucha*. Celui qui ferme la patrouille est Moxy, un autre aspirant-pandillero. Il quitte le groupe pour venir toucher ma moto.

« Hé, cette moto est démente. Mec, je suis capable d'en conduire des pareilles, et même des plus grosses. Demande à Little Down si je l'ai pas déjà amené par là-bas, hein ? »

El Noche lui jette un regard de tueur et Moxy rejoint la troupe qui disparaît bientôt dans les hauteurs.

Little Down ne patrouille pas. Il s'est joint à Destino dans ses négociations avec le visiteur à l'allure de charro. Soudain, les deux hommes sortent du coffre d'une voiture un sac en plastique noir qui passe de main en main. Il y a quelque chose d'ovale et de lourd dedans, comme une mangue. Quand c'est au tour de Little Down de caresser le nouvel achat, il sourit de bon cœur. On dirait un gamin avec un jouet tout neuf.

« Eh, *perros*, venez prendre la thune, putain ! » crie Destino.

Aussitôt, une meute de pandilleros se présente, s'empare du sac et disparaît dans les ruelles de la communauté, comme si celle-ci les avait engloutis. Le calme revient.

Il est presque trois heures et la commune commence à sortir de sa léthargie. Le soleil fait briller les toits en tôle ondulée, étire les ombres jusqu'à les déformer. Des rythmes de reggaetón s'efforcent d'effacer les ultimes traces de l'apathie de la mi-journée et se fondent dans une symphonie de hurlements. Ceux-là viennent du petit vieux du coin de la rue : on raconte qu'une sorcière lui a jadis volé la raison et l'oblige à combattre une poignée de démons qui reviennent le tourmenter chaque fin d'après-midi.

Devant le centre de jeunesse, Destino, les visiteurs et quelques membres de la pandilla se sont assis sur les marches et s'amusent devant un petit spectacle : Hugo, que l'on n'avait pas vu jusqu'ici, bourre Moxy de coups. Il veut à tout prix garder la vedette et il redouble d'énergie à chaque éclat de rire de Destino. Sur le visage de Moxy se dessine un sourire crispé, qui se tord à chaque nouveau coup de poing que le gamin lui assène dans les côtes. Moxy regarde les autres avec l'air de quelqu'un qui est déjà passé par là, les suppliant de le laisser se défendre, mais les Guanacos Criminales Salvatrucha prennent du bon temps et Hugo ne paraît pas disposé à s'arrêter.

La clica de Destino se prépare à quelque chose. De nouveaux membres viennent d'être admis, se munissant du nécessaire pour commencer leur aventure. Il y a quelques jours, en plein milieu de San Salvador, une grenade industrielle M67 a mis en pièces quatre membres du Barrio 18, et d'autres encore ont explosé dans différentes régions du pays. Les gens de la communauté, et tous les habitants de la colline, savent interpréter ces signes avant-coureurs et se préparent à la guerre. Les magasins ferment plus tôt, les passants marchent plus vite, les regards sont plus fuyants, les maisons se ferment comme de petits bunkers dès la tombée de la nuit. Une atmosphère lugubre plane sur la communauté, avec une odeur de mort. Le char d'assaut de la Mara Salvatrucha se met lentement en branle.

Les petits clowns de la Mara

« **HÉ, T'AS DÉJÀ BOUFFÉ, *PERRO* ?** »

C'est comme ça que Destino accueille chaque pandillero, après l'avoir checké en faisant le signe de la *garra salvatrucha.*

À ma droite, sur une chaise, El Noche fanfaronne avec son portable tout neuf et charrie Tombo, un pandillero d'une autre cellule, venu renforcer les rangs des Guanacos Criminales Salvatrucha. À ma gauche, Hugo et Moxy, ce dernier encore endolori par la raclée qu'Hugo lui a collé hier, pour déconner. Derrière le groupe, Little Down passe un savon à quelqu'un au téléphone. En face de nous, Destino ouvre les sacs contenant notre déjeuner, on attrape tous une tortilla et on fond sur les plats. C'est plus une prise d'assaut qu'un repas : en quelques minutes, le riz au chorizo et le poulet aux oignons sont réduits à néant par les piranhas humains que nous sommes devenus.

Little Down, malgré notre insistance, refuse d'avaler la moindre bouchée. Il nous regarde d'un œil paternel, un peu dédaigneux. Il se lève brusquement et place au milieu de notre cercle, presque en la jetant, une bouteille d'un litre de Salva-Cola que la meute descend à grandes goulées. Personne n'avait petit-déjeuné.

À cette heure-là, la procédure est simple : les pandilleros forment un cercle et lancent des billets et des pièces jusqu'à former un petit tas. Ensuite ils ordonnent à quelques bleus d'aller chercher le repas sur les flancs de la colline. C'est une mission dangereuse. Les types du Barrio 18 vivent en bas, et il faut passer devant un poste de police. Des soldats patrouillent aussi dans cette zone. C'est une entreprise d'autant plus risquée que ceux qui y vont sont les plus jeunes et les moins expérimentés. Cela dit, ils ne sont pas encore connus, ils ne sont pas « grillés » : ni la police ni le Barrio 18 ne les assimilent à la MS.

Quand la bouffe arrive, c'est la fête : chacun attrape une tortilla et empile dedans ce qu'il peut. Peu importe la quantité de nourriture disponible, ou le nombre de pandilleros présents : tout le monde aura le droit au moins à sa bouchée.

Hugo me regarde la bouche pleine, et sourit. Les deux grands plats sont maintenant pratiquement vides, et la Salva-Cola se convertit en rots bruyants. Les cigarettes sont allumées pour la conversation d'après-repas.

« Putain, *perro*… genre la dernière fois on m'a fait me déguiser en clown, sa mère, pour la fête d'un neveu à moi. »

Moxy commence à raconter son anecdote à El Noche. C'est une bonne histoire, que le petit jeune raconte en exagérant mais avec talent : il se met à marcher comme un pingouin et nous arrache quelques rires. On passe un bon moment, mais Little Down a une meilleure histoire à raconter :

> « Moi aussi *man*, un jour je me suis déguisé en clown. Ahah ! Sauf que c'était pour aller fumer un fils de pute, mon pote. J'y suis allé bien maquillé, déguisé en clown comme il faut. Là, le fils de pute a fait : "Hé, matez un peu le petit clown !" Il s'est foutu de ma gueule ce con, il m'a pris pour un bouffon. Alors, quand il s'est retourné pour me regarder, je lui ai juste fait "bon voyage" et pam, pam, pam ! Je lui ai collé genre dix bastos dans le crâne. Le bouffon, il est tombé raide par terre. »

Ainsi se terminent les histoires de clown, dans la Mara Salvatrucha.

Nous sommes méchants

IL EST ENCORE TÔT. C'est une journée chaude et humide qui commence. Il y a seulement deux heures et quelques que la dernière étoile a cessé de clignoter, le soleil ne tape pas encore. Les gouttes de rosée laissées par la nuit dansent au bout des feuilles, et les habitants de la communauté entament leur pèlerinage vers le bas de la colline, histoire de gratter dans les rues de la capitale quelque chose à poser sur la table du midi.

À vingt mètres du centre de jeunesse, un homme gît sur le trottoir, la tête explosée, avec, sur le visage, la grimace de panique que les quatre balles qu'il a reçues lui ont laissé. Il a été abattu il y a peu de temps et du sang s'échappe encore de son cadavre.

Je me tiens debout devant le corps, les premiers curieux à côté de moi. En majorité des femmes et des enfants. Ils sont là, c'est tout. Ils ne parlent même pas de l'assassinat. Des femmes racontent des blagues, les autres parlent de ce qu'elles ont vendu la veille, les gosses courent et jouent autour de leurs mamans.

Le groupe grossit comme à l'entrée d'un cirque. Parmi les femmes, il y a Jazmín, la mère de Hugo. Elle a posé par terre un énorme cageot pour faire un câlin au bébé qu'une jeune femme porte dans ses bras.

La police débarque. Tranquille, sans se presser. Quatre gros types en uniforme s'approchent du cadavre en somnolant. De temps en temps, ils bâillent et la cagoule qui dissimule leur visage se distend. Ils remplissent un formulaire, installent le ruban jaune de rigueur et s'adossent à la voiture de patrouille, et attendent.

Ce qu'ils attendent, ce sont les médecins légistes et les officiers de police judiciaire. Qui mettent un moment à faire leur apparition. À leur arrivée, ils saluent les policiers, échangent quelques plaisanteries, ils ont l'air de se connaître depuis des années. Soudain, le camion d'une chaîne de télé surgit dans la rue. Tout le monde étant désormais sur place, le sinistre spectacle peut commencer.

« Allons-y, alors », lance l'un des enquêteurs.

Ils prennent le cadavre en photo, le retournent dans tous les sens pour chercher des douilles de balles, et ils lui fouillent les poches.

« Regardez s'il trimbale de la drogue ou une arme », dit celui qui remplit le formulaire.

Mais non, rien. Des poches du mort ne sortent que quelques pièces, à peine de quoi payer deux trajets en bus.

« Tatouages ! » commande le même type.

Deux d'entre eux relèvent sa chemise, baissent son pantalon, examinent ses mains et son cou : rien non plus. Les gens ont interrompu leurs bavardages et regardent la scène en silence. À chaque manipulation, le corps relâche un filet de sang qui ruisselle sur le trottoir en pente et provoque l'émoi des enfants, les spectateurs les plus attentifs.

À côté du cadavre, il y a une sacoche maintenant imprégnée de sang.

« Inspectez la sacoche, regardez s'il n'y a pas d'arme dedans », suggère maintenant le policier.

Quand ils soulèvent la mallette, un bruit métallique attire l'attention des spectateurs. Les policiers l'ouvrent et sortent une par une les « armes » du mort : un marteau, une scie à bois, un tournevis, une poignée de clous…

Le mort était un menuisier de la communauté. Il attendait le bus, en route pour son travail, lorsqu'un membre des Guanacos Criminales Salvatrucha lui a collé quatre balles dans le crâne. Personne ne sait très bien qui l'a fait ni pourquoi. Et personne ne veut le savoir, à commencer par la police, d'après ce que je vois.

Les gens quittent peu à peu les lieux alors que les policiers continuent de palper le corps comme s'ils fouillaient dans les ordures.

Les journalistes peinent à garer leur camionnette dans l'une des allées exiguës et escarpées de la communauté. Un type gigantesque descend du véhicule, une caméra à l'épaule. Chacun de ses mouvements, aussi ténu soit-il, lui tire des rigoles de sueur et un chapelet d'imprécations.

Derrière lui sort une jeunette avec un micro à la main. Elle est vêtue avec élégance et poignarde la poussière avec ses talons hauts. Elle détonne ici comme un pingouin dans le désert.

« Vous avez une idée du mobile de l'homicide ? Vous connaissiez le mort ? » demande-t-elle frénétiquement aux gens.

Rien. Silence. Et soudain, quelque chose :

« Non, on ne sait rien, j'étais chez moi quand ils l'ont tué. »

C'est tout ce qu'elle obtiendra. Déçue, la femme abaisse son micro pendant que le gigantesque cameraman braque l'objectif sur le cadavre. Il le filme longuement, comme s'il attendait qu'il fasse quelque chose.

La guerre a commencé. Les GCS sont retranchés dans le centre de jeunesse. Ils sont nerveux, leurs portables n'arrêtent pas de sonner. Le centre est devenu leur quartier général. Les petits se taisent et la peur se lit dans leurs yeux. Les autres, ceux qui ont déjà vécu ce genre de guerres, blaguent et discutent, tout excités. Dans la cuisine, Destino parle avec Little Down. En me voyant, il vient me saluer en courant et m'offre une chaise avec une prévenance exagérée.

Je regarde les jeunes qui sont autour de moi et je me dis que n'importe lequel d'entre eux a pu tuer le menuisier il y a quelques heures. Je scrute tous leurs visages et je ne vois pas le moindre signe de culpabilité, ni de remords. Ils semblent habitués à tout ça. Ce n'est pas la première fois que ce genre de choses arrive. Il y a moins d'un mois, une voiture a grimpé la colline et a criblé de balles deux jeunes. Les deux ont survécu, l'un gravement blessé à l'abdomen, l'autre castré. On a raconté que les assaillants étaient des ados d'une clica du Barrio 18 qui, à l'instar des Guanacos, ont pris le contrôle de plusieurs communautés du centre-ville. Ils ont fusionné avec elles. Ces petits royaumes sont formés par les communautés de Polanco, Jardín et El Hoyo. Tout ça à quelques pâtés de maisons de Buenos Aires, là où nous nous trouvons. La cellule en question porte le nom ronflant et grandiloquent de *Columbia Little Syco-Tiny Locos*, qui contraste avec les carrures de gringalets de ses membres. Comme chez les Guanacos, la plupart de ces mecs n'ont même pas vingt ans.

On raconte également que les Guanacos préparent leur revanche. Le soir tombe, il n'y a plus personne sur la scène du crime. Hormis une femme qui continue à laver le sang sur le trottoir et, à cinq mètres d'elle, Jazmín, qui a installé son stand de boissons fraîches et de horchata.

La communauté a retrouvé son calme angoissé habituel. On entend seulement une femme pleurer sur le trottoir, ridée, hagarde. Ses sanglots se sont transformés en un grognement ronflant et amer qui sort de sa poitrine à chaque respiration. Elle plonge son visage entre ses mains, laissant seulement échapper un filet de gouttelettes transparentes. À ses côtés, une femme plus jeune qu'elle tente de la consoler en lui caressant les cheveux :

« C'est fini, il est avec Dieu maintenant, il a trouvé le repos », répète-t-elle entre deux sanglots, pendant que le menuisier s'enfuit de la colline dans un sac jeté à l'arrière d'un pick-up.

Le mythe

DESTINO S'INSTALLE sur sa chaise en plastique et jette un regard à la petite tribu réunie autour de lui. Ce sont tous des adolescents. Certains font déjà partie de la pandilla, d'autres sont encore des chequeos, qui attendent de gagner leur place au sein des Guanacos Criminales Salvatrucha. Parmi eux, il y a Bernardo, El Chele et Hugo, le plus jeune de tous les aspirants pandilleros. Ce n'est pas un *meeting*, pas une réunion officielle de la pandilla, c'est seulement Destino qui raconte des histoires aux petits nouveaux.

« Écoutez ça putain, dans ma cellule d'avant il y avait un *homeboy*, El Demonio il s'appelait. Il avait pactisé, ce fou, il avait un pacte avec le diable, tu vois. »

En disant cela, Destino envoie un gros crachat par terre, il retire sa chemise pour exhiber ses tatouages et se racle la gorge. Les jeunes ouvrent des yeux comme des soucoupes et le silence règne.

« Ce lascar, chaque fois qu'on avait une réunion, il demandait : "Tout le monde est là ?" Pendant les *mirins*, quoi. “Oui”, on lui disait. Il se mettait alors à bouger les bras et toutes les branches d’arbre aux alentours se mettaient à bouger, *man*. Il nous filait la trouille, tous à trembler. Et quand les keufs débarquaient, on partait tous en courant mais lui rien du tout, *man*. “Hé ! vous, pourquoi vous vous planquez ?” il nous disait. Il se trimballait avec ses deux flingues, un dans chaque main, et il se pointait devant la patrouille. “Hé, quoi de neuf, c’est moi que vous cherchez ?” Et eux : “Non, non, Demonio, la routine, c’est tout…” Ils se faisaient bien niquer, ces enculés. En taule, ce *homeboy*, il s’est fait chrétien, et alors les démons venaient le tourmenter la nuit, sérieux. Il y avait des *homeboys* qui y croyaient pas mais moi je le connaissais d’avant. Lui, il disait qu’ils ne le laissaient pas en paix, qu’ils venaient la nuit sauter sur les lits. Une fois j’étais là et je les ai entendus, ils sautaient partout. Hiii, hiii, hiii ! C’est comme ça qu’ils faisaient…

« Des fois, le Cornu venait dans sa cellule, pour réclamer l’âme de ce *homeboy*, et on dit que par en bas on voyait des pattes grosses comme ça, genre d’ours, et que ça puait grave. Je te le dis moi, c’était le diable qui voulait l’âme du lascar. »

Les gars sont impressionnés par l’histoire et Destino se rassoit sur sa chaise, content de lui.

Dans cette guerre, il y a des moments de chaos et de mort, mais aussi des instants de répit. Aujourd’hui, par exemple, il ne s’est rien passé et la communauté a l’air tranquille. Les pandilleros se sont repliés au centre de jeunesse, visiblement sans rien au programme. Moi, je me contente de rester là et de les écouter. Certains me posent des questions, rien de très profond : ils veulent savoir s'il y a des jolies filles à l'université d'El Salvador, si ce n'est pas chiant de faire cinq ans d'étude, ils veulent savoir où est-ce que j'habite, et est-ce qu'il y a des jolies filles dans mon quartier ?

« Tu vois, Juan, dans la Mara, on peut crever pour trois choses. Un, pour avoir tué un autre *homeboy*, même sans vouloir, même par accident, c'est pareil : celui qui verse le sang d'un *homeboy*, c'est une *peseta*, on les appelle comme ça parce que leur vie ne vaut plus rien, quoi. Ces fils de putes sont dans la merde parce que tout le monde veut les buter, la Mara, les *chavalas*[1], et en plus la police est après eux. Ils sont niqués de tous les côtés.

« Deux, tu peux mourir parce que tu es une balance, parce que t'es allé donner aux flics des infos sur les activités de la pandilla. Et trois, tu peux mourir parce que t'es un enculé ! »

Les plus jeunes ricanent en chœur.

« Hé ouais, les enculés crèvent ! Putain, si tu vas baiser des enculés, tu perds la face et tu fais perdre la face à la pandilla. Tu sais ce qu'on va dire, qu'il a même pas pu se faire une grosse, même pas une vieille chienne, même pas une sale moche. »

1 *Chavalas*, « gamines », est un mot souvent employé par les membres de la MS-13 pour désigner leurs ennemis du Barrio 18. En les féminisant, ils expriment leur mépris. (NdA)

Destino termine son discours et remet sa chemise, comme pour signifier que la séance est levée.

Gustavo est dans son bureau. Malgré son titre pompeux de « directeur du centre de jeunesse », ses fonctions se limitent pour l'heure à ouvrir la maison le matin et à la fermer le soir. Il y a quelques jours, il a fait une remarque à un pandillero qui s'était pointé ici avec une arme à la ceinture et en fumant un joint. Le jeune en a été terriblement offensé et seul Destino a pu éviter que l'incident se finisse en tragédie. Depuis, Gustavo se borne à ruminer dans son bureau, en face d'un ordinateur vétuste.

« Hé, Juan, je voulais te parler », me lance-t-il en me voyant passer devant sa porte.

Il m'explique qu'un programme de rattrapage scolaire vient d'être créé pour les enfants de la communauté et que le conseil d'administration a prié le personnel du centre de jeunesse – Gustavo, en d'autres termes – d'aider à son développement. En clair, il me demande de faire cours aux gamins l'après-midi. Le soutien scolaire aura lieu à la maison communale, un grand et sinistre local. Deux nouveaux envoyés par l'institution catholique de Gustavo y enseignent déjà mais ils galèrent. J'accepte, en me disant que cela va me permettre d'étudier sous un autre angle la guerre qui s'annonce.

« Si tu veux, va faire un tour, ils sont là-bas en ce moment », me dit-il avant de remettre ses écouteurs.

Dans la maison communale, les deux nouveaux se battent avec une nuée de gamins qui grimpent partout.

Les deux mecs sont terrorisés. Le travail s'annonce compliqué.

Il est tard et les rayons du soleil dorent les courbes de la colline. Une grande rafale de vent dissipe la chaleur quelques secondes et emporte des feuilles mortes. Ceux qui sont partis le matin commencent à revenir, remontant la pente lentement, d'un pas posé. Les chanceux sont de retour avec leurs paniers vides. Les autres avec les marchandises qu'ils n'ont pas vendues. Pour ceux-là, le dîner sera plus frugal, s'il y en a un.

Les Guanacos Criminales Salvatrucha sont sortis du centre de jeunesse et se sont posés dans un coin de rue pour écouter la musique que Little Down passe sur son téléphone. La diversion est de courte durée. Au loin, on voit une patrouille de police qui remonte péniblement la rue principale. Les pandilleros courent regagner leur refuge.

De nouveau à l'intérieur, El Noche s'étrangle presque avec une mangue verte, Destino écrit quelque chose dans un carnet. Hugo a trouvé un ballon. Il s'entraîne à frapper tandis que les autres pandilleros encaissent, résignés, les boulets de canon qu'il envoie. Little Down est fâché : il n'aime pas devoir se cacher de la police. D'après ce qu'il me raconte, il préfère les dégager à coups de flingue, mais ce n'est pas le moment de se faire encore plus d'ennemis. Il jette un regard haineux à Hugo, qui abandonne le ballon et va se réfugier derrière Destino.

La nuit tombe, et une odeur de guerre flotte à nouveau sur la dernière communauté de la colline. Les maisons se ferment, ceux qui arrivent à peine ressemblent aux derniers coureurs d'un long marathon. Ils pressent le pas pour aller se cacher chez eux. En redescendant, je croise plusieurs patrouilles de police qui grimpent la colline, moteur à fond. Une fois en bas, au centre-ville, en plein territoire des Columbia Little Syco, des regards farouches me suivent, comme on surveille un ennemi.

Le jeu

AUJOURD'HUI EST MON PREMIER JOUR en tant que professeur de soutien scolaire. Pour rompre la glace avec les enfants, j'organise un jeu. Gendarmes et voleurs. Quand vient le moment de choisir son camp, tous me demandent d'être voleurs.

Il n'y a pas d'homme dans ce jardin

DIX-HUITIÈME JOUR DU MOIS au calendrier : dans la dernière communauté de la colline, nous avons tous peur. Pour les Guanacos Criminales Salvatrucha, c'est un jour de tension et de tristesse. Ici, tout le monde a le même ennemi : les Columbia Little Syco du Barrio 18. Même ceux qui n'ont pas le moindre lien avec la Mara Salvatrucha. Et l'inverse est également vrai : les gens d'ici ne sont pas bien vus à Polanco, Jardin, El Hoyo, les communautés du bas de la colline et du centre-ville. Cette guerre sépare le monde en deux.

Je suis à l'entrée de la maison communale, j'attends mes élèves. Ils arrivent peu à peu, s'installent à l'intérieur. J'en profite pour discuter avec la mère de Hugo et Karla. Jazmín vend son horchata dans la rue depuis déjà quelques années, elle est habituée aux guerres comme celle qu'on connaît aujourd'hui.

« Mon mari, le papa des enfants, ils me l'ont tué en 2006. Je me dis toujours que, vous voyez, s'il était encore avec nous, mes mômes auraient jamais pris le chemin qu'ils ont pris. Lui, il était terrible, ils en avaient vraiment peur. Maintenant, allez savoir où la Karla s'est fourrée, je ne sais même pas si elle est partie avec cet homme-là ou avec un putain d'autre.

— Quel homme ? je lui demande.

— Celui-là, vous savez, Little Down. Ça lui est déjà arrivé de partir avec lui. Elle a vécu chez lui, mais vous voyez, c'est qu'une gamine encore, elle sait pas lui laver son linge, elle sait pas faire à manger. Chez nous, c'est moi qui fais la lessive du petit et la mienne, et je ne la laisse pas entrer dans la cuisine, parce qu'elle me fait cramer le repas, et maintenant, lui, il la cogne parce qu'elle ne sait pas faire tout ça. Ça m'a mise en colère. Je suis allée parler avec lui. J'en ai rien à foutre, moi ! "Vous savez quoi, je lui ai dit, je m'en fous de qui vous êtes. Je retrouve la môme tout abîmée, et ça, ça me fout en colère. S'il lui arrive quelque chose à la petite, là je vais vraiment m'énerver et je ne réponds plus de moi." Et je m'en cogne si je dois partir d'ici. On raconte que c'est lui qui va commander ici, que ce ne sera bientôt plus Destino, j'en sais rien. Mais je m'en fous, moi je suis prête à tout pour mes mômes.

« "Écoutez, j'ai dit à Little Down. Si leur père était encore là, vous ne seriez pas là. Demandez autour de vous comment il était. Posez la question", je lui ai fait. Juan, le papa des enfants, c'était un vrai, il était pas là pour déconner.

— Et pourquoi ils l'ont tué ? je lui demande.

— Ils l'ont tué un 5 juin. Le truc, c'est qu'il s'était mis dans une bande. Pas un machin de pandilla, juste une bande. Sans doute qu'il n'avait pas assez de fric. Vous savez, les hommes qui ont plusieurs femmes n'ont jamais assez d'argent et lui, il avait une autre femme et d'autres enfants. »

Tous les gamins sont maintenant présents, je dois commencer le cours. Je coupe Jazmín quasiment au milieu d'une phrase, et j'entre dans la classe.

Là-dedans, les deux séminaristes peinent à maîtriser le groupe d'enfants et d'adolescents inscrits au soutien scolaire. Les gamins crient dans un brouhaha inintelligible, on dirait un essaim d'abeilles furieuses. Dans un coin, Kevin, un enfant de 12 ans, fait une clé de bras à l'un des séminaristes, il se marre et appelle les autres pour qu'ils admirent sa prouesse. Plus loin, un gamin grave ses initiales sur une table avec un couteau d'au moins huit centimètres de long. Des élèves se courent après autour du second séminariste. Les yeux dans le vide et la mine accablée, il répète toutes les deux minutes, comme un disque rayé :

« Du calme, les enfants. Faites vos devoirs. »

Je cours le libérer de cette nouvelle Passion et des griffes de Kevin, lequel s'en va immédiatement exercer sa prise sur un autre enfant. Je tente de former un groupe discipliné avec les gosses qui courent partout, mais c'est impossible. Si j'arrive à faire s'asseoir Karen, Melvin se lève et attaque Brian avec un cahier. Si je réussis, à force de supplications et de flatteries, à convaincre Cindy de se mettre au travail, c'est Pamela qui vient me tirer par la chemise en pleurant pour me dire qu'Alejandro lui a volé ses affaires. En effet, celui-ci s'est installé par terre avec les cahiers et les crayons de Pamela et il dessine de petits anges. Il a l'air tellement heureux que ça me fait beaucoup de peine de le déposséder de son butin. Et Pamela reste inconsolable.

Dans un coin, une fillette aux yeux immenses et aux cheveux noirs interminables regarde les autres courir. Une pluie de larmes ne cesse de couler de ses grands yeux.

« C'est rien, elle est toujours comme ça ! Cette gamine est bizarre », me dit le plus maniéré des deux séminaristes quand je l'interroge au sujet de la fille.

Je m'approche doucement et je m'assois à côté d'elle en silence. La petite me jette un regard terrorisé, serre les jambes et baisse la tête comme si elle était face à un monstre. Elle ne doit pas avoir dix ans mais elle porte un rouge à lèvres éclatant et une mini-jupe beaucoup trop courte pour son âge.

« Qu'est-ce qui t'arrive, princesse ? » je lui demande en mimant sa réaction.

La gamine me répond en tirant sur sa jupe, comme si elle dissimulait un trésor. L'angoisse brille dans ses yeux. Je lui propose de dessiner quelque chose en lui tendant une feuille de papier et une boîte de couleurs. Elle ne me dit rien mais elle les prend. Ses gestes sont lents, pleins de peur. Elle organise ses crayons et commence à dessiner. Je passe l'après-midi avec elle, j'arrive presque à lui arracher un sourire avec mes gribouillis maladroits. Peu à peu, et toujours en silence, un jardin apparaît sur le papier. Il y a plein de couleurs, on dirait un parc. Il est illuminé par un soleil souriant et rondouillet, il y a des balançoires, des jeux à bascule et des filles qui courent dans tous les sens. Sur son dessin, les fillettes ont toutes l'air heureuses. Il n'y a pas d'homme dans son jardin.

La classe se termine, les abeilles disparaissent en bourdonnant dans les dédales de cette grande ruche. La petite fille s'attarde, puis s'en va lentement avec son dessin serré contre elle, derrière la marabunta de gamins qui s'éloigne.

Je reste à la porte de la maison communale. J'ai un nœud dans la gorge qui m'empêche de respirer.

« Hé, Juan, on va taquiner la balle, alors ? » me crie l'un des Guanacos Criminales Salvatrucha en faisant rebondir un ballon dans la poussière. Je l'avais complètement oublié. Il y a quelques jours, je lui avais promis de venir jouer au foot sur le terrain de la communauté.

Celui qui m'appelle se nomme El Guapo, c'est un pandillero d'environ vingt-cinq ans qui bégaie à chaque phrase. Il a exactement l'apparence de ceux que les médias décrivent comme « suspects » : cheveux noirs, yeux noirs, un mètre soixante de haut, très mince, pas de tatouage, la peau sombre.

Je lui dis oui même si j'ai très peur. Il m'explique qu'on va descendre au terrain de sport en passant par les ravins, que je ne dois pas m'inquiéter, que c'est un match pour rire, c'est juste les hommes de la communauté qui veulent tuer le temps.

Alors qu'on descend un chemin de pierre, me reviennent en tête des tas d'articles de journaux, qui se finissent toujours de la même manière : des jeunes assassinés sur les terrains de foot des communautés contrôlées par les pandillas. Dans mon cerveau tourne en boucle, comme un calendrier obsessionnel, la date d'aujourd'hui : 18 février, 18 février, 18 février.

Le pandillero me dit de tourner dans une petite ruelle et de descendre une pente caillouteuse pleine de pneus éventrés. En bas se trouve un terrain desséché et poussiéreux. Sur les côtés, des gradins ont été improvisés avec des jantes de camions remplies de ciment et de terre. Autour de la pelouse, les murs d'enceinte sont couverts de graffitis de la MS-13 et des GCS.

Il y a déjà là un groupe de jeunes qui n'attendent que le ballon apporté par El Guapo. Notre équipe se repose sur l'herbe, dans un coin. Certains me jettent des regards méfiants, d'autres se mettent immédiatement à me charrier. Certains tatouages dépassent des manches et des shorts mais je ne saurais pas distinguer ceux qui appartiennent à la pandilla et les autres. L'idée est de former plusieurs équipes de sept joueurs. Celle qui encaisse le premier but est remplacée par une autre. Et voilà, on commence à jouer.

Au coup d'envoi, El Guapo déborde comme un éclair sur le côté droit, file jusqu'à la ligne de corner. Il centre. Un grand maigre saute comme il peut pour placer sa tête, sans succès. Le gardien est sorti et capte le ballon. Et voilà les autres qui foncent vers notre cage, seulement protégée par un anthropologue qui n'en mène pas large et un homme d'une quarantaine d'années qu'ils appellent El Negro. C'est notre gardien. Les attaquants de l'équipe adverse se rapprochent à toute vitesse tandis que mes coéquipiers me crient :

« Allez, El Dip, le diplômé, vas-y à fond, découpe-le, découpe-le ! »

El Negro sort de son but pour me pousser en avant. Enfin, je me décide à foncer sur l'attaquant, qui est à dix mètres de moi. Je ferme les yeux, je me jette pour tacler. J'entends un grondement près de ma tête : il a tiré. Je ne vois qu'un nuage de poussière autour de moi. Craignant le pire, je me relève et me retourne trop vite pour voir que je me suis déchiré le pantalon avec ce tacle stupide. Tout va bien : affalé au sol, El Negro étreint le ballon entre ses bras comme si c'était une femme magnifique. L'action se répète à plusieurs reprises, et l'avant-centre se débrouille chaque fois pour me laisser au sol, les vêtements en morceaux, couvert des regards de reproche de mes coéquipiers, et pourri par les injures les plus grotesques et originales qui passent par la tête d'El Negro.

Le match continue. Les gradins se remplissent de supporters et de nouvelles équipes qui attendent leur tour pour jouer. Ça devient chaud. Des tribunes descendent des insultes, des cris, comme dans un vrai stade. Les esprits s'échauffent et les gardiens donnent leurs instructions en hurlant. Je cesse vite d'être El Dip et El Negro m'insulte comme les autres.

« Bouge ta chatte, la putain de toi, arrache-moi la langue de ce *perro*. »

El Guapo est notre star. Il a dû tirer quinze fois aux cages. Sans marquer un seul but. Soudain, je reçois la balle et l'avant-centre du début, celui qui m'a déjà mis la honte à plusieurs reprises, me fond dessus comme un taureau. Il feinte à droite, à gauche, écarte les jambes pour me défier de passer. Des murmures parcourent les gradins : on se moque de moi. Je sens une pression énorme dans la poitrine, et je décide de me bouger sans trop y penser. Je feinte de partir à gauche et je pousse doucement le ballon qui roule entre les jambes du type. Le public crie un « ooooolééé » ; moi, je frappe de toutes mes forces. El Guapo contrôle de la poitrine, ajuste un centre parfait qu'un de nos joueurs reprend de la tête, glissant le ballon au fond des buts adverses. Immense joie. Sans m'en rendre compte, je prends le buteur dans mes bras et je hurle des obscénités comme les autres. Pour un instant, le match devient quelque chose d'important, et ce terrain un endroit accueillant.

L'euphorie ne dure pas longtemps. Toutes les questions qui s'étaient envolées pendant la rencontre reviennent m'assaillir, et me rappeler que je suis ici pour y répondre : pourquoi cette foule d'hommes dans la force de l'âge est-elle en train de jouer au foot à quatre heures de l'après-midi, au lieu d'être au travail ? Ils n'ont pas de travail ? Pourquoi n'ont-ils pas de travail ? Pourquoi doivent-ils faire surveiller le terrain par des guetteurs ? Pourquoi avons-nous la peur au ventre quand on est le 18 du mois ? Pourquoi est-il probable qu'un jeune surgisse et se mette à nous mitrailler ? Pourquoi continuent-ils à jouer sur un terrain où plusieurs jeunes ont déjà été assassinés ?

L'envie furieuse de répondre à ces questions est ma seule raison d'être ici.

L'équipe suivante nous sort en cinq minutes. Immédiatement, une nouvelle équipe de sept joueurs entre sur le terrain en gueulant et en sautillant.

Les gradins sont pleins. Au moins quatre équipes attendent leur tour, et un tas de gamins suivent les matchs passionnément.

Quand je m'en vais, je vois des tas de jeunes hommes continuer à descendre à travers les ravins, comme un goutte-à-goutte incessant vers le terrain de la communauté.

Le truc de la nana

EL NOCHE PREND UNE DERNIÈRE GORGÉE de Salva-Cola avant de me passer la bouteille en lâchant un rot retentissant. Comme de coutume, tout le monde sort ses cigarettes et s'installe par terre pour fumer et se raconter des histoires.

Il y a quelques jours, ils ont essayé de tuer El Noche. Ça venait des Columbia Little Syco du Barrio 18, qui contrôlent le centre de la ville. Ça a raté. L'erreur a peut-être été de vouloir employer une tactique très commune chez les pandilleros, qu'on appelle *El paso de la jaina :* « le truc du pote », ou le « truc de la nana », selon les cas. Elle consiste à envoyer quelqu'un gagner la confiance de la cible, ensuite d'en profiter pour la sortir de sa zone de sécurité et de l'abandonner dans un lieu convenu d'avance. Très souvent, il y a une promesse de sexe à la clé. Le chant de la sirène, en quelque sorte.

Une fois là-bas, la victime se retrouve face à des ennemis qui vont la massacrer. Ce sont des morts en général très violentes, précédées de nombreuses tortures avant l'exécution. Et c'est précisément ce qu'ils ont essayé de faire à El Noche cette semaine.

Avec nous, il y a aussi Tombo, Destino, Hugo et quelques autres. On a tous participé à la prise d'assaut du déjeuner. Nos mains grasses et nos moustaches tachées nous trahissent. On fait tourner les trois cigarettes qui ont été allumées. Échangeant un coup d'œil complice, El Noche et Tombo entament un petit jeu, un enchaînement de commentaires salaces qui ont clairement pour objectif d'embarrasser le visiteur. Moi, en l'occurrence.

« Yo, *perro*, ça arrive que ta meuf te lèche le cul quand vous baisez ? demande El Noche à Tombo.

— Non, *perro*, j'ai pas essayé mais par contre je suis partant pour la leur mettre dans le cul, bien dans le petit trou. Ou de leur finir dans la tronche. En envoyant tout !

— C'est pas ça, *perro*, essaie ce que je te dis, hmmm, c'est mortel, en plus c'est pas un truc de pédé puisque c'est une femme. Tu vois, si un enculé te lèche le cul, ça c'est de l'enculade puisque c'est un enculé, mais une nana qui te lèche le cul ça va, puisque… c'est ta meuf, quoi. »

Ils me regardent, cherchant à découvrir sur mon visage l'effet produit. Ils en rajoutent encore, m'observent de nouveau, font des gestes très explicites, essaient de mesurer à nouveau le résultat…

Pour avoir accès à cette colline, je suis passé par une congrégation religieuse et il est donc normal que les Guanacos Criminales Salvatrucha m'y associent. En plus, j'ai au cou une petite croix en bois que ma mère m'oblige à porter en guise de protection, un peu comme Little Down et ses colliers. C'est pour cela que les Guanacos s'imaginent que je suis un enfant de chœur et s'amusent à me scandaliser.

> « Putain, ou ça : genre tu leur mets bien dans le cul en les tirant par les cheveux, *man*, hmmm c'est un kif cette merde-là, et tu les fais crier comme des putes. Beau gosse ! Ah, ah, ah. »

Sur ce, El Noche me fait signe que la parole est maintenant à moi et ils attendent en se marrant que je dise quelque chose. Je réfléchis un instant. Ils ont l'air décidés à continuer leur jeu… alors je décide de jouer aussi. Je raconte quelques histoires du même genre, et les deux paraissent satisfaits. Ou, du moins, la blague a cessé de les faire rire.

La tactique du Barrio 18 pour liquider El Noche a été d'envoyer une jeunette vivre sur la colline. Son objectif était de séduire le pandillero et ensuite de l'entraîner dans un coin éloigné de la colline, où ses ennemis pourraient s'emparer de lui sans avoir à livrer un combat avec les Guanacos. Elle a rempli sa mission, la première partie en tout cas. L'appât a séduit la victime, au point de lui faire l'amour plusieurs nuits de suite. Elle était sur le point de lancer la deuxième phase de l'opération quand El Noche a découvert la combine. Le pandillero s'est dit que la fille était trop insistante, trop pressée de l'emmener « chez elle », dans un autre coin de la ville. Lui-même connaissait bien la technique pour l'avoir employée dans plusieurs assassinats. Alors, il a agi comme un pandillero est censé le faire dans ce genre de cas. Il a empoigné la fille par les cheveux et l'a traînée au milieu de la station de minibus. Dans un coin, il lui a pris la main et l'a cassée à hauteur du poignet. Ensuite, il a commencé à l'interroger.

La fille a résisté. Elle a dû penser qu'en niant tout, elle aurait plus de chances de sauver sa peau. El Noche l'a travaillée jusqu'à plus soif, la bourrant de coups de pied et tordant son poignet cassé pour intensifier la douleur. Comme elle refusait d'avouer, il s'est emparé de son portable. Il a trouvé dedans toutes les réponses dont il avait besoin : les noms des pandilleros et des messages accablants. C'est là, dit-il, qu'il a commencé à la frapper pour de bon.

El Noche a pensé que le mieux serait de l'accrocher à l'un des minibus. La pendre, quoi. Mais il ne l'a pas fait. Ou du moins, c'est ce qu'il raconte. Il dit qu'il l'a laissée partir, abîmée et humiliée, comme un message ambulant pour les mecs du Barrio 18.

Les cigarettes se terminent, Destino se lève pour aller bêcher un lopin de terre où il pense pouvoir faire un potager. Hugo se met à taper dans un ballon, deux pandilleros restent dans le patio à fumer et à se raconter des histoires. D'autres arrivent et se joignent à la conversation. Ils débarquent avec leurs propres récits, certains exagérés, d'autres confirmés par leurs cicatrices.

Peu à peu, la logique de cette guerre prend forme. Elle semble révéler ses secrets à chaque anecdote, à chaque action des uns et réaction des autres. Chaque jour permet de mieux discerner ses mécanismes internes, de découvrir que pour ces jeunes l'honneur se trouve dans la barbarie ;

le courage dans le sacrifice, et que « la cause », comme ils appellent la guerre, rend la vie digne d'être vécue. En raison de cette cause inventée, comme toutes les autres causes, deux armées de jeunes s'entre-tuent et mettent en péril les sociétés et les États de toute une région.

Il est impossible de savoir ce qui est vraiment arrivé à la fille qui a tenté de rouler El Noche. Peut-être qu'il dit vrai, qu'il l'a relâchée avec deux ou trois os cassés et quelques mèches de cheveux en moins. Peut-être est-elle en train de pourrir six pieds sous terre, dans l'un des cimetières clandestins de la pandilla. Ou peut-être qu'elle reviendra un jour rendre de ses propres mains à un membre de la clica l'humiliation que lui a fait subir El Noche. Et si elle est déjà morte, sans doute que d'autres s'en chargeront à sa place, ajoutant leur grain de sable à cette guerre, creusant encore le fossé qui sépare les jeunes aux deux lettres des jeunes aux deux chiffres.

La Seca, miroir de Karla

IL N'EST PAS LOIN DE TROIS HEURES de l'après-midi. Le tapage des enfants fait bourdonner la maison communale comme une grande ruche. Dehors, Moxy s'est lancé à la conquête du sommet de la colline sur ma moto. Il saute en passant sur les pierres et manque de tamponner une voiture à l'arrêt après avoir maté des filles qui passaient par là. Il fait demi-tour et disparaît dans le bas de la colline, fonçant droit en direction du territoire de Los Columbia. Cela fait plusieurs jours qu'il me supplie de le laisser conduire ma moto, prenant des airs de petit saint en me promettant qu'il ne fera rien de mal. J'ai cherché tous les prétextes pour refuser. Je lui ai dit qu'il y avait un problème avec la direction, que je n'avais presque plus d'essence et ainsi de suite… Les regards qu'on me lance en territoire 18 n'étant guère commodes, je ne veux pas qu'ils associent ma moto à la MS. Avec le temps, ça pourrait devenir dangereux. Mais bon, aujourd'hui j'avais épuisé ma réserve d'excuses et je n'ai pas pu faire autrement que de passer mes clés à Moxy.

Moxy est quasiment arrivé à la limite du territoire MS, marquée par un gigantesque figuier blanc. Après cet arbre, les Guanacos Criminales Salvatrucha entrent en territoire hostile. Mais Moxy n'est pas téméraire à ce point et il réapparaît vite dans les rues de la communauté, en sautillant et en faisant grincer la moto à chaque nid-de-poule. Il regarde sa montre, arrête à contrecœur la moto devant la maison communale. Il me rend les clés et s'en va en courant.

À l'intérieur, les choses se passent mieux que la fois précédente. Les gamins sont plus calmes et aujourd'hui nous avons une aide supplémentaire. Cristal est une jeune fille de la communauté qui s'est portée volontaire pour ce projet. Elle a seize ans et sait comment s'y prendre avec les enfants. Comme c'est aussi une Claudia Schiffer en version adolescente, tous les Guanacos Criminales Salvatrucha sont fous d'elle. Dans ces communautés, et particulièrement à l'âge de Cristal, les pandilleros font figure de « rebelles idéaux ». Tout le monde parle d'eux, ils sont mieux fringués que les autres jeunes, sont respectés de tous : ce sont les stars du film. Soudain El Noche pointe son nez à la porte, il dévore Cristal de la tête aux pieds et continue son chemin. La jeune fille devient rouge comme une tomate, elle se met à rajuster frénétiquement ses cheveux et à lisser sa mini-jupe.

À l'entrée du centre de jeunesse se trouve maintenant Karla, la sœur de Hugo. Elle parle avec La Seca, l'une des femmes qui viennent chaque mois réclamer de l'argent à Destino. La moitié du visage de l'ado est déformée par un énorme hématome violacé que La Seca caresse avec précaution.

« Qu'est-ce qu'il t'est arrivé à la figure, Karla ? » je lui demande en la voyant.

C'est son amie qui répond à sa place :

« Rien, il lui est rien arrivé.

— Ce mec me l'a donnée salement ! » me dit la fille d'un ton impertinent. Et alors La Seca lui donne un conseil :

« Écoute, c'est clair que c'est difficile d'être la femme de ces tarés, c'est une vie grave, dure, on souffre. Mais toi, tu es encore une petite, tu ne sais pas ce qui te reste à vivre. Alors écoute-moi, profite bien de ce que tu as maintenant parce que quand ils se retrouvent en taule… là c'est dur. Imagine le voyage que c'est pour aller le voir là-bas, l'heure à laquelle il faut se lever. Et tu vois, moi, parfois, je m'en vais jusqu'à Ciudad Barrios avec les quatre mômes sous les bras, trois heures de route et des files d'attente interminables. »

Les quatre mômes dont elle parle virevoltent autour d'elle. Karla la regarde en silence avec le seul œil qu'elle parvient à ouvrir. La scène est étrange : c'est comme si La Seca était le reflet de Karla dans le miroir des présages.

« Là, ça part en couilles parce qu'on ne peut même pas travailler, autrement ils disent que tu cherches à choper des mecs. Tu vois, à moi, il s'était présenté un boulot en ville, avec une amie, mais lui, il m'a sorti : "Tu vas t'asseoir sur cette merde, tu m'entends, connasse ?"

Ah putain, au final, nous autres, on peut rien faire ! » dit la fille. Elle marque une pause pour regarder autour d'elle et continue. « Mieux vaut que je me casse, parce qu'il m'a dit que s'il me voyait par ici, il me collerait une dérouillée. »

« C'est parce que tu as peur de lui. Ouais, tu vois moi quand l'autre me dérouillait, moi je lui répondais pareil, bam, tu vois ? J'avais pas peur de lui. Et même si parfois j'avais plus la force de le tabasser, je lui ai jamais montré que j'avais peur », dit la Seca.

Tout à coup, comme une mauvaise blague ou un affront inattendu, Little Down arrive à la tête d'un groupe de mecs. Il passe rapidement au milieu des deux femmes, presque en les poussant, suivi par sa troupe qui en fait de même. Depuis quelques jours, on a l'impression qu'il a pris la tête du groupe des plus jeunes. Ils le suivent partout. Parmi eux, il y a Moxy et Bernardo. Hugo, lui, refuse de se détacher de Destino, lequel est en ce moment très occupé à installer le four à pain qu'une institution religieuse a fait venir jusqu'ici.

Toutes pâles, les deux femmes se lèvent et s'en vont. Karla s'éclipse dans une ruelle, La Seca décampe vers le bas de la colline, son auréole de filles avec elle.

Les pandilleros entrent dans la maison et sont accueillis par les coups de pied et les insultes d'Hugo, qui aussitôt reçoit une dose de sa propre médecine : Little Down lui plante deux coups de pied entre les côtes qui l'envoient chouiner auprès de Destino. Celui-ci lance un regard noir à l'agresseur mais ne dit rien. Les nouveaux arrivants paraissent nerveux. Ils s'enquillent une bouteille d'eau, tous en nage. Ils reviennent du bas de la colline.

Bernardo est plus animé que d'habitude. Il change très vite et n'est déjà plus le jeune homme timide d'il y a quelques mois. Il a déjà son portable, Little Down lui a donné. Et il a déjà tué son premier homme. Le menuisier de l'autre jour. L'ordre est venu de la maison d'arrêt de Ciudad Barrios. Le délit qui a provoqué la furie de « la Bête », comme on surnomme souvent la Mara, est d'avoir couché avec l'épouse de l'un des Guanacos Criminales Salvatrucha actuellement en prison. Celui-ci a donné l'ordre, et la clica a décidé que ce serait Bernardo qui se chargerait de le tuer. Tout cela n'a rien d'une information obtenue de source confidentielle, ou après une longue enquête. Ici, sur les hauteurs, tout le monde est au courant. Ils sont plusieurs à avoir vu Bernardo lui cribler la tête de balles et tous ont choisi de garder le silence. À nouveau, la Mara Salvatrucha fait régner sa loi : voir, entendre et se taire… si tu ne veux pas être le suivant.

Il commence à faire sombre et dans la colline résonnent les premiers cantiques fulminants des évangélistes. Je dis au revoir et je m'en vais. Dans la descente, je distingue Cristal dans une ruelle, escortée, toujours de plus près, par le regard de vautour d'El Noche.

La bataille perdue de la chienne

DANS LA DERNIÈRE COMMUNAUTÉ DE LA COLLINE, il y avait une vieille chienne. Un de ces animaux sans pedigree ni race. Le pelage entre le grisâtre et le café noir, couleur de rat. La queue bouclée, une oreille toujours dressée et l'autre qui tombe, le museau très long, comme s'il avait été spécialement conçu pour ouvrir les sacs poubelle. La chienne s'occupait bien de sa maison et de ses maîtres. Quand elle n'était pas en train de manger dans une décharge ou de boire dans un caniveau, elle restait devant la porte de sa maison, à monter la garde. Si quelqu'un s'en approchait de trop près, elle se levait et se mettait à aboyer agressivement, alertant ses maîtres de la présence d'un inconnu.

Quand les patrouilles de police montaient ici, les pandilleros détalaient pour se cacher dans les ravines et la chienne devenait folle. Elle n'aimait pas qu'on passe en courant près de sa forteresse, et les Guanacos n'aimaient pas qu'elle les morde quand ils le faisaient. Les pandilleros s'énervaient et, une fois l'alerte terminée, ils lui lançaient des pierres et des coups de pied ; la fois d'après, la chienne les mordait encore plus rageusement.

Cette bataille entre la chienne et la pandilla a duré longtemps, jusqu'au jour où on l'a retrouvée morte au fond de l'une des ravines, un manche à balai enfoncé en travers de la gorge. La pandilla avait gagné.

Aujourd'hui, la tension règne dans la communauté et sur l'ensemble de la colline. Les nerfs sont à vif. Hier, une voiture est montée jusqu'au centre de la communauté, roulant lentement, de manière suspecte. Elle s'est arrêtée devant l'école. Des fenêtres sont sortis deux fusils noirs, qui ont lâché plusieurs rafales. La voiture est ensuite redescendue par la seule rue de la colline et on n'a plus rien su d'elle. Deux garçons sont restés à terre. Ils portaient encore leurs uniformes d'écolier et leurs cartables, les deux étaient mineurs. Ils n'appartenaient pas à la Mara Salvatrucha, du moins pas formellement. Les Guanacos sont furieux : ils considèrent ce raid comme un affront à leur cellule. C'est une véritable insulte que l'on soit venu tuer en plein cœur de leur territoire.

Là-haut sur la colline, la peur règne. Même les enfants du soutien scolaire sont tendus, incontrôlables, comme possédés par une force autodestructrice : ils se battent entre eux, pleurent, crient et refusent d'accepter que le football soit un jeu collectif. Cristal m'explique que nombre d'entre eux, elle y compris, connaissaient bien les jeunes assassinés. Certains ont même dû se jeter au sol ou ramper sous des voitures quand la fusillade a éclaté.

À l'entrée du centre de jeunesse se trouvent plusieurs pandilleros. Il y a El Maniaco et Little Down. Il y a aussi deux nouvelles recrues de la clica. L'un d'entre eux s'appelle Charlie, il doit avoir dans les dix-huit ans et a la particularité d'avoir été expulsé d'un pays d'Amérique du Sud. Il a passé son enfance ici et maintenant, revenu au pays et découvrant que ses anciens copains sont devenus des pandilleros, il n'a pas vu d'autre choix possible que de commencer lui aussi le processus d'intégration dans la MS. L'autre est un gamin qui, comme Hugo, a à peine douze ans et dont les yeux luisent d'admiration chaque fois qu'il regarde Little Down.

Le centre de jeunesse poursuit sa transformation en boulangerie, et Destino devient une sorte de conseiller honoraire de la bande. Il passe ses journées à bidouiller son four et à étudier des recettes de pain. Peu à peu, le pandillero perd de son pouvoir.

Il le fait délibérément, par touches subtiles. Cependant, il garde un peu de ce pouvoir, suffisamment pour ne pas se laisser marcher dessus par les autres et rester en vie. De son côté, la clica lui garde son respect.

Hugo jouit encore de l'autorité résiduelle de son mentor et reste proche de lui. Il sait que Destino est son seul bouclier. Sans lui, il serait obligé de rejoindre la bande de débutants que dirige Little Down. Retourner à une vie normale auprès de sa mère n'est plus une option pour Hugo. Il s'est déjà engagé dans le labyrinthe de la Mara.

Destino a travaillé toute l'après-midi à essayer de domestiquer la pâte et à la transformer en pain. En me voyant arriver, il retire sa toque de boulanger, me désigne une chaise en plastique et s'assoit sur une autre.

« Hé, buvons un soda », propose-t-il en me mettant un verre rempli de glaçons dans les mains et en ordonnant à Hugo :

« *Perro*, le camion de la Salva-Cola est arrêté là-bas, vas-y et rapporte une bouteille de deux litres. Dis à ces débiles que c'est pour moi. »

Le petit part à toutes jambes et revient deux minutes plus tard en serrant contre lui une grosse bouteille qu'il montre fièrement, avec un énorme sourire. Il dévisse le bouchon, enquille la bouteille et lâche un formidable rot qui rebondit en écho dans toute la pièce.

« Et ce fils de pute, là… *Perro* ! Propose d'abord à Juan, ne sois pas mal élevé », lui dit Destino. Et le gamin verse dans mon verre un flot de soda épais et mousseux qui, à cette heure, se boit comme de l'eau bénite.

Le fou, le jeu d'échecs et les tatouages de Little Down

IL Y A QUELQUES ANNÉES, dans la dernière communauté de la colline, un soir comme les autres, Little Down marchait tranquillement dans la rue, les manches de sa chemise noire baissées jusqu'aux poignets, ses amulettes se balançant à son cou et le pistolet à la ceinture, quand un vieil homme s'est penché d'un balcon. C'était celui que le sortilège d'une sorcière avait rendu fou, d'après ce qu'on raconte.

Le vieux s'est mis à gueuler sur le pandillero, il lui a dit de retourner chez Lucifer, dans son antre, de forniquer avec la *Siguanaba*, cet esprit au visage de femme aux cheveux longs. Il a crié ça plusieurs fois. Sans se troubler le moins du monde, Little Down a sorti son flingue, fermé un œil, et tiré une balle qui est passée à un centimètre de la tête du vieux. Celui-ci a couru se cacher au fond de sa maison en courant.

« Vous voyez qu'il est pas si fou que ça, le vieux », a commenté le pandillero avant de ranger son arme à la ceinture.

Aujourd'hui, dans la communauté, la chaleur est exagérée, pas une feuille ne bouge. Le soleil illumine tout et nous trempe de sueur au moindre mouvement. Au loin, sur l'une des hauteurs qui entourent la communauté, on peut voir un début d'incendie. Le maquis desséché s'embrase peu à peu, les flammes menaçant d'avaler une petite baraque en tôle. La seule de cette colline.

Dans la maison communale, un écriteau : « Pas de soutien scolaire aujourd'hui ». Rien de plus. C'est l'écriture de Gustavo. Quelques enfants arrivent à la porte, lisent l'annonce, attendent quelques minutes puis partent en courant dans tous les sens. Chaque fois, je suis impressionné par la façon dont la communauté avale ses gamins. En quelques secondes, il n'y a plus aucune trace d'eux. On n'entend seulement leurs rires qui descendent vers le terrain de foot.

En face de la maison communale se trouve le stand de boissons fraîches de Jazmín. Elle a la tête basse. Elle me salue, sans quitter le sol des yeux. On sent qu'elle a pleuré, et que les larmes sont prêtes à revenir à tout moment. Elle me raconte que la clica a subi une nouvelle perte.

La nuit dernière, il y a eu une opération policière. Ils sont montés sur la colline en silence, cagoulés. Ils ont pris les Guanacos Criminales Salvatrucha par surprise. Les pandilleros connaissent bien leur terrain, ils ont réussi à s'échapper par les ravines ou à se cacher dans les ruelles, mais El Noche n'a pas eu le temps, lui. Après l'avoir longuement cogné en public, les policiers lui ont arraché sa chemise, l'ont poussé à l'arrière d'un pick-up et l'ont emmené en bas de la colline. Il ne sortira pas avant un bout de temps. Ils avaient reçu un mandat d'arrêt contre lui depuis quelques jours, pour ne pas avoir fait ses travaux d'intérêt général.

Jazmín ne cache pas son trouble en me racontant la nouvelle. D'autres femmes de la communauté m'avaient déjà fait comprendre qu'El Noche et elle avaient eu une histoire ensemble, quelques années après l'assassinat de son mari, le père d'Hugo.

> « C'est pour ça que je répète au petit, à Hugo : "Regarde, non mais regarde quel exemple !" Des petits cons, ils n'arrêtent pas de se mettre dans la merde, qu'ils ne viennent pas se plaindre. Maintenant va savoir combien d'années ils vont le garder là-bas. » Jazmín s'adresse à elle-même plus qu'à moi.

La police est le troisième acteur dans cette guerre. C'est l'ennemi commun des deux pandillas. Elle les contraint à rester dans un éternel état de semi-clandestinité, elle contrarie leurs plans. Destino soutient qu'il existe une vieille alliance entre le Barrio 18 du bas de la colline et le poste de police qui s'y trouve. Je ne sais pas à quel point c'est vrai, mais ce qui est certain, c'est que sur dix opérations de police, au moins huit ont lieu dans la communauté.

Au centre de jeunesse, Little Down se pavane devant ses disciples, torse nu. En me voyant entrer, il lève ses avant-bras pour me montrer avec fierté ses nouveaux tatouages : un M et un S à l'encre noire qui couvrent toute la face externe. Ils sont tout frais : l'encre garde encore un brillant humide, et il y a du sang qui perle toujours à la base du S. Les autres le prennent en photo avec leurs portables pendant qu'il se balance au rythme d'un reggaetón, en face d'un petit miroir. Il est heureux, rempli d'une étrange euphorie.

> « Ces tatouages, je viens de me les faire faire. C'est pour la grande tuerie que j'ai offerte à une débile, ah, ah, ah », me dit Little Down, à moitié possédé.

Il a l'air de vouloir m'en dire plus sur son crime car il me suit quand je vais déposer mes affaires dans l'autre pièce, en essayant de me donner des détails sur son exploit. Mais je ne veux plus écouter. Je sais par ses disciples qu'il avait juré de se faire un tatouage pour chaque nouveau membre du Barrio 18 assassiné, sans compter les civils, une pratique très courante chez les pandilleros. Avec celui-ci, cela fait déjà cinq tatouages sur le corps de Little Down.

Soudain apparaît Destino. Il a tout entendu de la pièce où il préparait une pâte retournée au miel d'ananas. Abandonnant son ouvrage sur la table, il retire sa chemise et lance un regard triomphant à Little Down et sa petite troupe de gamins. On aurait du mal à trouver un pouce de chair sans tatouage. Little Down lâche un petit rire méprisant, remet sa chemise en silence et entraîne sa troupe dans le patio.

Maintenant, ils sont huit pandilleros dans la cour. Ils sont euphoriques, le moral au beau fixe. Apparemment, les exploits de Little Down ont fait oublier la capture d'El Noche. Je reconnais parmi eux El Guapo, le gars qui m'a amené jouer au foot un mois plus tôt. Bouche bée, il écoute un autre pandillero lui raconter comment, dans une communauté de Soyapango, sa cellule a tué un type du Barrio 18 en lui explosant le crâne avec une pierre. C'est une autre pratique courante chez les pandilleros. Ils l'appellent « la mort du crapaud[1] ». El Guapo écoute l'histoire comme s'il était dans un film, d'autant que le narrateur accompagne le récit de sons et d'effets dramatiques, qui culminent dans un tonitruant : splash !

Tout le monde rigole et se congratule. Les pandilleros lèvent leurs mains en faisant le signe de la griffe, la garra salvatrucha. On croirait des gosses en train de rire d'une bonne farce. D'autres anecdotes suivent, chacune plus grotesque que la précédente. Les lieux cités sont immanquablement des communautés portant le nom d'un saint ou d'une date historique, les actes relatés toujours caractérisés par la violence la plus barbare, de celle qui donne le tournis, ou l'envie de vomir.

Alors que je sens mes tripes se soulever, j'entrevois une planche de salut : El Guapo sort un jeu d'échecs et me lance une déroutante invitation :

« Hé, Juan, tu veux pas jouer aux dames ? »

Je lui explique qu'il s'agit d'échecs, « le jeu qui te rend plus malin ». Je lui explique que c'est comme une guerre, une question de stratégie, ce qui semble attirer son attention.

« En gros, ces tarés, là, ils peuvent seulement cogner en avançant. Genre, ça sert à que dalle que je les bouffe »,

---

1. En argot salvadorien, « crapaud » signifie également « mouchard » ou « balance » (NdT).

me dit El Guapo quand je lui décris le mouvement des pions. Il continue :

« Ah, et donc pour se faire le roi, faut d'abord se claquer sa nana ?

— Non, le roi, on ne peut pas le manger, le truc, c'est de le mettre échec et mat, ce qui veut dire que sur toutes les cases où il pourrait aller, il y a une pièce qui l'attend », je lui dis, ce qui le fait réfléchir un bon moment.

« Ah, genre tu guettes le type, quoi ? Et la nana, elle, alors elle peut aller où elle veut, bouffer tout ce qu'elle veut ?

— Oui, Guapo, à part bouger en L comme le cavalier.

— Putain ! Cette meuf-là, elle se paye une attaque *full.* »

Après avoir compris les règles et joué quelques parties avec moi, El Guapo décrète :

« C'est de la bombe ce jeu. »

La nuit approche, d'autres pandilleros arrivent. Je ne connais pas la plupart d'entre eux. El Guapo m'explique qu'ils viennent de cellules voisines, alliées aux Guanacos Criminales Salvatrucha. Je reprends mes affaires et les laisse à leur réunion, à fumer de l'herbe et à jouer aux échecs.

Little Down continue avec ses poses de héros. Les nouveaux arrivants viennent tous lui donner l'accolade. Moi, je redoute la réaction des Columbia Little Syco après l'attaque.

Au moment où je m'en vais, une rafale de vent traverse la communauté, et on croirait que toutes les feuilles de tous les arbres veulent l'attraper. La poussière s'élève du sol et oblige tout le monde à fermer les yeux. C'est comme un grand répit qui ne dure pas : deux secondes après, la chaleur revient nous étouffer.

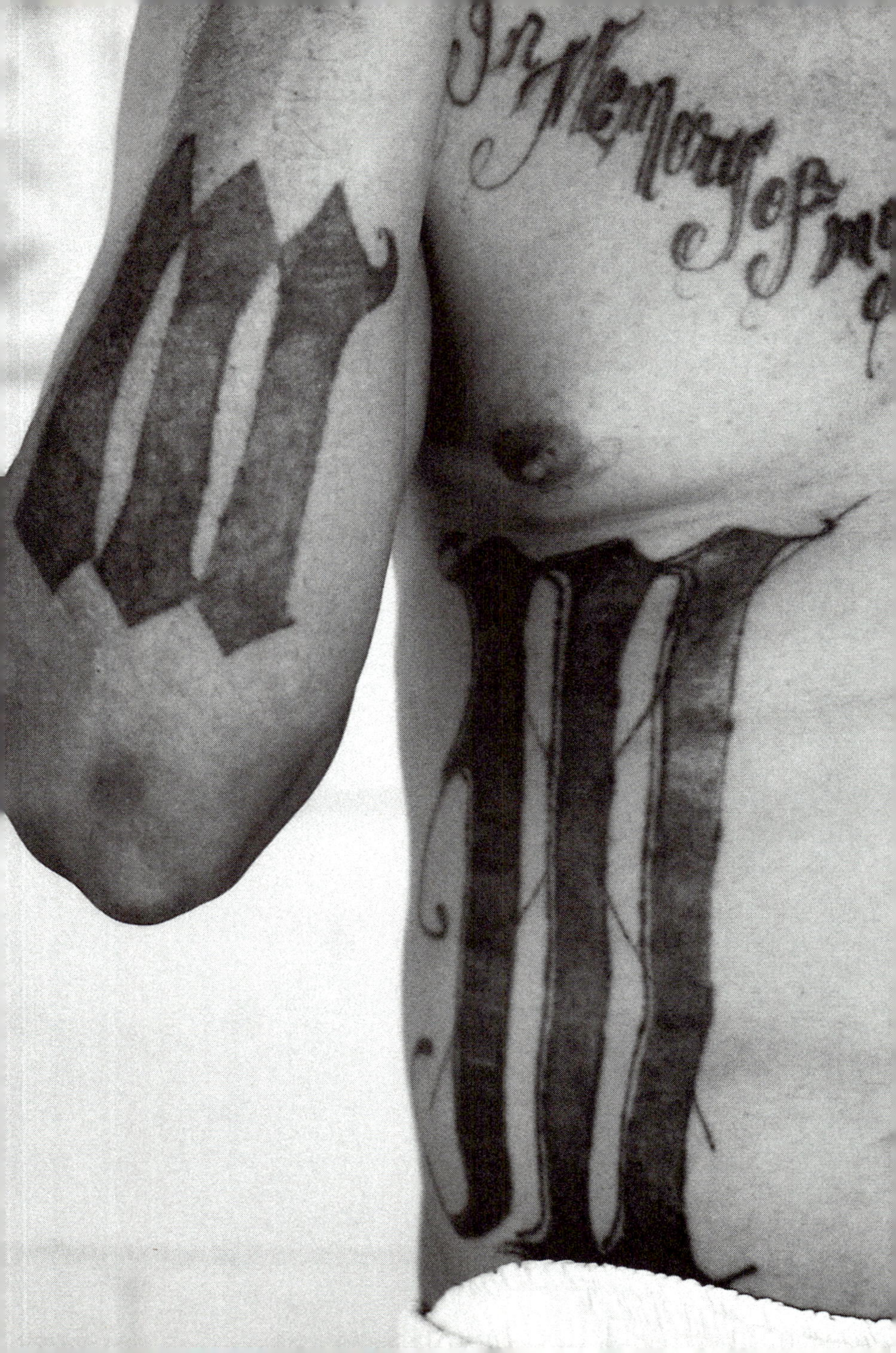
In Memory of

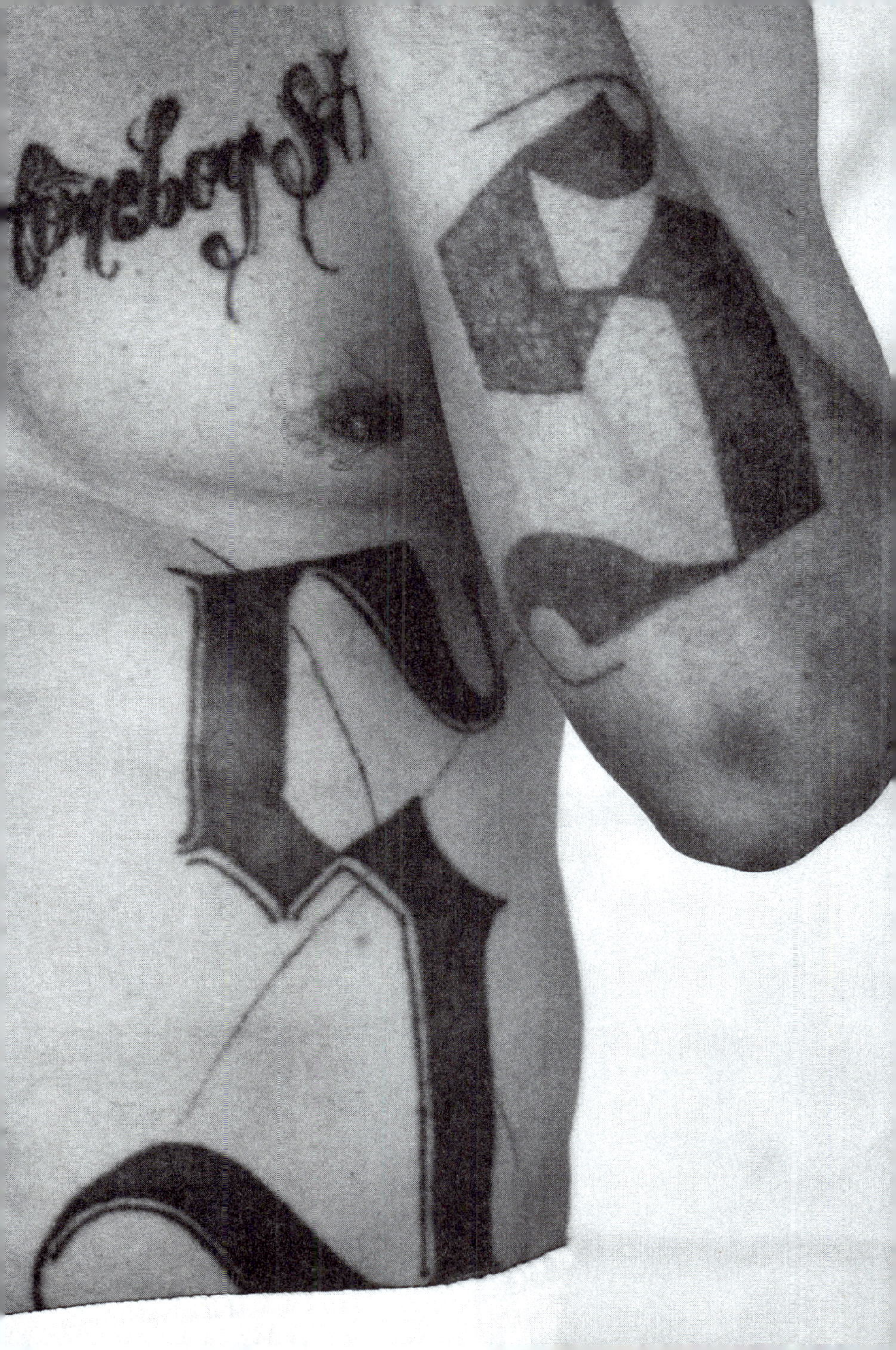

L'Informateur

EN FACE DE MOI, un homme avale les dernières gorgées d'un Coca-Cola, une cigarette entre les doigts. C'est El Informante, l'Informateur : il m'a demandé de le nommer ainsi, sans aucun détail, ni âge, ni description physique, ni rien de rien. Dans les zones contrôlées par les pandillas, ceux qui se risquent à parler ne le font qu'à cette condition. Celui-ci est allé jusqu'à me permettre d'enregistrer la conversation, mais il pose sa main en forme de coquillage sur le magnétophone chaque fois qu'il cite un nom ou une date précise. Pendant ce temps-là, il dévore mon paquet de clopes.

Je ne le connais que depuis quelques semaines. Mais j'avais remarqué qu'il m'observait depuis mon arrivée dans la communauté. À plusieurs reprises, je l'ai vu me suivre des yeux, comme s'il voulait me dire quelque chose. D'autres fois, il me suivait de loin quand je traînais dans les rues de la communauté. Au début, j'ai pensé qu'il appartenait aux Guanacos Criminales Salvatrucha et qu'il avait pour mission de me surveiller. Avec le temps, j'ai cessé de prêter attention à l'Informateur, jusqu'au jour où, après m'avoir écouté discuter avec quelques pandilleros, il s'est approché de moi.

> « Écoute, ne leur pose pas tant de questions. Rappelle-toi que ces bestioles sont méfiantes, faudrait pas qu'ils pensent que t'es un flic. Laisse-les causer tout seuls, ils vont te raconter des choses d'eux-mêmes mais tout doux, tout doux. Reste tranquille », m'a-t-il dit d'un ton paternel.

Depuis ce jour, on discute chaque fois qu'on se croise, il m'interroge sur l'avancée de mon travail, me dit ce qu'il ne faut pas demander et me raconte un peu de sa propre histoire. C'est un récit fascinant que, pour sa sécurité et la mienne, on ne trouvera jamais dans les livres. En tout cas pas dans les miens.

Là-bas, au centre de jeunesse, Destino terminait une fournée de pain et Little Down était en réunion avec sa bande de gamins. Ils planifiaient un nouveau coup. D'après ce que j'ai entendu, le plan est simple : envoyer une fille séduire la victime, qu'elle couche avec lui deux ou trois fois et qu'elle l'entraîne dans les filets de la clica. Le truc de la nana. Chacun donnait son avis et proposait ses idées. Little Down menait les débats. J'ai pris ma moto et je suis parti à la recherche de l'Informateur. Les Guanacos Criminales Salvatrucha sont restés là, excités, à préparer leur nouveau coup.

L'Informateur m'explique que s'il existe différentes manières de tuer, toutes obéissent au même schéma et, plus ou moins, aux mêmes objectifs : démontrer à sa propre cellule la brutalité dont on est capable et recevoir en retour le niveau de « respect » que cela suppose. Dans cette dynamique, la mort de la victime se transforme en simple instrument. Ce n'est plus une fin en soi.

Pour commencer, il s'agit d'identifier la victime. Pour cela, les pandilleros ont recours à un système complexe qu'on pourrait très bien appeler « espionnage ». Ils envoient parfois des enfants prendre des photos des ennemis avec leurs téléphones. D'autres fois, ce sont les vendeuses ambulantes, celles qui portent leurs marchandises en équilibre sur la tête. Ensuite, ces photos sont imprimées et données à celui qui a été chargé de la mission. Si c'est sa première fois, si le jeune sélectionné vient juste d'intégrer la pandilla, il faut qu'il prouve sa témérité : on lui confie un vieux pistolet, avec à peine trois balles, ou même un simple couteau, ou encore une arme artisanale à un seul coup. C'est avec de tels moyens que le nouveau venu doit accomplir sa mission et revenir en vie pour la raconter.

> « C'est comme ça qu'on doit démontrer qu'on est attaché à la pandilla, qu'on aime les deux lettres. Et après, ils voient qu'on a des couilles et ça y est, on gagne le respect. Parce que bon, si tu descends un ennemi qui avait le respect de sa pandilla, ce respect se reporte sur celui qui l'a descendu, dans son propre groupe », me commente l'Informateur, une cigarette entre les lèvres.

Les photos prises par les espions sont imprimées, donc. Elles servent de boussole au tueur pour trouver sa victime. Mais il reste encore un problème essentiel à résoudre : comment approcher la personne qui va mourir ? C'est compliqué, si l'on prend en compte le système de sécurité très élaboré mis en place par les pandillas dans les communautés qu'elles contrôlent. Un inconnu qui débarque est aussitôt encerclé par un groupe de pandilleros qui le déshabillent, à la recherche de tatouages ou d'armes. Le futur assassin doit trouver un moyen d'entrer sans éveiller les soupçons. Certains se déguisent en missionnaires évangélistes et, Bible à la main, réussissent à passer inaperçus. D'autres se camouflent en clowns, comme Little Down l'a raconté il y a quelques mois. Le maquillage recouvre leurs tatouages. Même les vendeurs de pain sont, dans certaines communautés, regardés comme des oiseaux de mauvais augure. C'est déjà arrivé à plusieurs reprises qu'un vendeur arrête son vélo devant quelqu'un, siffle un nombre de fois déterminé, comme s'il proposait du pain, puis continue sa tournée ; quelques minutes après un pandillero surgit pour terminer la mission. D'autres fois encore, il n'y a rien de tout cela : des gars descendent simplement d'une voiture et criblent de balles le premier ennemi qu'ils croisent, comme cela a été le cas avec les jeunes de l'école le mois dernier. Quoi qu'il en soit, une fois la mission achevée, il faut revendiquer haut et fort la responsabilité de l'acte. Ça peut se faire en criant : « Ici, la Mara Salvatrucha vient et règne ! » Par exemple. Pour ne laisser aucun doute.

Après l'avoir écouté, je pose à l'Informateur la question qui est devenue récurrente dans mes conversations avec des pandilleros :

« Quel effet ça fait de tuer quelqu'un ?

— Au début ça fait peur, tu vois. Je comparerais ça à… disons, quand tu vas baiser une meuf et que tu es puceau, que tu trembles de haut en bas. Tu sens comme ça une peur terrible, mais après tu ne sens plus rien. Seulement la première fois, ou peut-être la deuxième, mais la troisième c'est pareil que donner un coup de latte à un clébard. Tu te dis pas qu'il va souffrir ou quoi que ce soit, tu lui donnes, juste. »

Quelqu'un m'avait déjà raconté qu'il y a quelques années, on commençait par intégrer une sorte de groupe pilote. Ces clicas étaient des pépinières où des enfants jouaient tout simplement à être des pandilleros. Un entraînement cruel dans lequel ne manquaient ni les extorsions ni les assassinats. Ici, il y avait deux groupes de ce genre, les Esquina Locos Salvatrucha, qui se réunissaient dans une *esquina,* un coin de rue, et les Tienda Locos Salvatrucha, qui se retrouvaient dans une *tienda*, un petit magasin. Les enfants recevaient leur initiation et rejoignaient ensuite les Guanacos Criminales Salvatrucha. C'est de ces « viviers » que sont sortis plusieurs des cadres importants de la clica actuelle, parmi lesquels Little Down.

À cette époque, renoncer était encore une option. Ensuite, les choses sont devenues plus dures. Les *palabreros*, les meneurs de la pandilla, se sont mis à réclamer une rançon aux déserteurs, souvent beaucoup plus élevée que ce que ces jeunes pouvaient payer. Dans ce cas, ils retournaient dans la clica, ou s'enfuyaient très loin, ou ils étaient assassinés. D'autres meneurs plus radicaux encore tatouaient le visage des déserteurs du sigle de la pandilla avec laquelle ils avaient osé vouloir prendre leurs distances.

De retour avec l'Informateur, j'en profite pour l'interroger sur la situation actuelle. Comment cette guerre va-t-elle tourner ? Il me dit que les choses sont compliquées. Plusieurs clicas du Barrio 18 se sont alliées pour éjecter la MS de la colline. Il pense que le dernier coup des Guanacos, monté par Little Down, ne restera pas impuni. Il me dit que je dois faire attention : quand il y a la guerre, tous ceux qui se trouvent près d'une pandilla se transforment automatiquement en ennemi pour l'autre. Jugeant l'interview terminée, j'éteins le magnéto. Nous nous partageons la seule cigarette restante.

Dehors, quelques-uns des Guanacos sont réunis dans un coin de rue. On dirait une petite armée.

Sur le chemin du retour, vers le bas de la colline, personne ne bouge. À cette heure-là, tout est fermé. La seule lumière est la lueur agonisante qui sort du phare de ma moto, profanant les ténèbres et s'éteignant à chaque ornière.

Maras, champagne et photos

IL EST DANS LES NEUF HEURES DU SOIR et, au musée national d'Anthropologie, c'est le vernissage d'une exposition photo.

Un photographe français s'adresse au micro à une foule d'hommes cravatés et de femmes très élégantes avec leurs bijoux et leurs talons hauts. Sur les tables, des dizaines de verres sont alignées, en attendant que deux jeunes femmes les remplissent de vin et de champagne. Les serveurs disposent sur des assiettes en porcelaine des petits-fours ornés de branches d'origan. L'assistance applaudit délicatement chaque phrase du photographe.

> « Il faut être fou pour se risquer dans de pareils endroits, pour de pareils projets », déclare-t-il en français tandis qu'une belle interprète traduit. Il laisse passer la pluie d'applaudissements attendue et poursuit : « Et il faut être encore plus fou pour y amener son propre fils, comme je l'ai fait, mais... que puis-je dire... je le suis, fou. »

Le Français tourne la tête à sa droite et tapote l'épaule d'un jeune homme blond, bien habillé et aux manières raffinées, qui rend la pareille à son père. Les gens récompensent les exploits de l'homme d'une nouvelle salve d'applaudissements mesurés.

> « Nous pensions rencontrer là-bas des délinquants qui nous attendraient avec le couteau entre les dents. Ce que nous avons trouvé, à la place, c'était des oisillons tombés de leur nid. Pardonnez-moi la poésie mais… c'est que je le suis, poète, ha ha ha… »

Le public rit doucement avec lui avant même que la jeune interprète ne traduise : la majorité des présents parlent le français.

Celui qui parle est Klavdij Sluban, un photographe français réputé venu au Salvador pour réaliser un projet avec des jeunes pandilleros incarcérés. Pendant quelques jours, il a visité des prisons pour mineurs. Celle d'Izalco, où les ados du Barrio 18 purgent leur peine, et celui de Tonacatepeque, où sont enfermés les gars de la Mara Salvatrucha 13. Il leur a offert à tous des appareils photos jetables pour qu'ils puissent saisir leur réalité. Il y est allé avec son fils, donc, mais aussi avec toute une suite de gens de l'Alliance française, de l'Ambassade de France, une équipe de gardes du corps et également quelques curieux qui se sont glissés là pour voir de plus près ces gamins tellement étranges.

À la fin de son discours, le grand salon de réception ouvre ses portes dans une lumière tamisée et sous des abat-jour métalliques. Vin et champagne coulent enfin à flots dans les verres rapidement pris d'assaut par les invités. Les petits-fours connaissent le même sort, dévorés à toute vitesse, mais toujours avec ces bonnes manières qui déguisent la voracité en élégant appétit. Difficile de voir la différence avec les Guanacos qui attaquaient avec moi le riz au chorizo dans un coin du patio.

Dans le salon sont affichées les photos prises par les jeunes détenus. Elles sont éclairées par le haut et bien espacées. Ce sont des portraits de pandilleros en prison. On voit des corps tatoués, des regards perdus à travers les barreaux. Des files de prisonniers menottés avançant dans un couloir, des cages bleutées, des trousseaux de menottes suspendues, des cellules bondées, des enceintes couronnées de barbelés, des visages tachés de larmes. Des graffitis de pandillas.

Les invités passent devant les tirages, se saluent à voix basse, sourient, échangent des commentaires bienveillants. En regardant les photos, ils s'étonnent comme des enfants au zoo. « Non mais regarde, ce sont vraiment des artistes ! » dit une dame aux yeux verts et aux cheveux teints à une femme plus jeune devant un cliché de *placazo*[1] de la MS. « Merveilleuse, cette fresque, si seulement on pouvait guider un peu cette créativité », confirme la plus jeune avec conviction. Le mural en question se trouve sur un mur du centre pénal de Tonacatepeque, réalisé en mémoire d'un *homeboy* assassiné. On peut lire dessus : « RIP Scuby pour toujours avec nous », et ses auteurs se tiennent à côté, les

---

1. Une fresque murale de pandilla. (NdA)

mains encore tachées de peinture, une tristesse immense dans les yeux.

D'autres femmes posent devant les tirages pour être photographiées à leur tour. Certaines vont jusqu'à appeler Sluban et son fils pour prendre la pose avec eux. Parmi elles, il y a la juge Aída de Escobar, qui s'est gagné une certaine notoriété et une promotion au sein du gouvernement après son apparition dans *La Vida loca*, le documentaire de feu Christian Poveda[1].

Également présents, quelques enseignants de la UCA (l'université centraméricaine José-Simeón-Cañas) spécialisés dans l'étude du phénomène des maras. Je reconnais aussi de loin deux ou trois journalistes qui se consacrent au sujet, certains hauts fonctionnaires de la Sécurité nationale. On dirait que la crème de la crème des experts du sujet a été conviée à cette soirée. Ils parlent tous en même temps, commentent les photos avec enthousiasme pendant qu'ils vident leurs verres.

Deux hommes âgés rient bruyamment en disant quelque chose en français. Juste derrière eux, dans un coin du salon, El Noche, des Guanacos Criminales Salvatrucha, braque farouchement ses yeux de chat sur nous, de la profondeur plate d'une photographie.

---

1. Photographe et cinéaste né en Algérie de parents espagnols exilés, Christian Poveda (1957-2009) a été assassiné précisément à Tonacatepeque alors qu'il avait achevé son film sur les maras salvadoriennes. Bien que dix pandilleros et un ancien policier aient été inculpés au Salvador en 2011, les mobiles et les circonstances du meurtre n'ont jamais été élucidés (NdT).

Le dernier voyage de Calazo

NOUS NOUS APPROCHONS DU MILIEU DE L'ANNÉE et la saison des pluies est arrivée. La nuit, des averses torrentielles tombent ; le jour, elles s'annoncent par des bouffées de chaleur qui vous coupent le souffle et vous font suer à flots. Le pays reverdit, la végétation est luxuriante. Les déserts volcaniques qui surplombent la communauté se transforment en prairies verdoyantes.

Monter sur la colline devient une véritable odyssée. La route n'est plus qu'un grand nid-de-poule boueux, et les murs en terre menacent de s'effondrer sur nous autres qui transitons par l'unique rue qui arrive jusque-là.

Ici, c'est un autre genre d'orage qui préoccupe les Guanacos Criminales Salvatrucha. Le raid de Little Down n'est pas resté impuni. La Columbia Little Syco s'est vengée violemment : la nuit dernière, ils ont assassiné Calazo, un ami et collaborateur de la clica, quelqu'un de très apprécié sur la colline. C'était le chauffeur de la ligne de minibus qui a une station dans la communauté.

Hier soir, alors qu'il finissait son dernier trajet de la journée, deux passagers se sont soudain levés en sortant leurs pistolets. Pendant que l'un d'eux détournait le véhicule sur l'une des communautés contrôlées par le Barrio 18, l'autre tenait en joue les passagers. Ils sont arrivés dans une ruelle où les attendaient une poignée de pandilleros armés de fusils. Avant de lui loger deux balles dans la tête, l'un d'eux a dit à Calazo :

« Et alors, vous allez payer la rente ou quoi, bande de fils de putes ? »

Puis il a tiré.

Ils ont volé le contenu de la caissette en bois où Calazo gardait la monnaie, et également l'argent que les passagers avaient sur eux. Ils ont obligé les hommes à soulever leurs chemises, à la recherche de tatouages de la MS. Ensuite, ils les ont fait descendre. Un pandillero des Columbia Little Syco est monté, a aspergé un peu d'essence sur le cadavre de Calazo, a jeté une allumette et puis ils se sont enfuis. Par chance, le collecteur du bus, qui s'était dissimulé parmi les passagers, a réussi à éteindre le feu avant qu'il ne se propage. Dans le minibus, il y avait un membre des Guanacos Criminales Salvatrucha. Il a réussi à cacher ses tatouages, ce qui lui a sauvé la vie. C'est lui qui a raconté ce qui s'était passé.

Entre cette ligne de minibus et la clica des Guanacos, il existe une sorte de pacte qui n'est pas vraiment du racket. L'arrangement est simple : la compagnie paie la clica afin de s'assurer que la MS ne les attaque pas, mais aussi que personne d'autre, y compris le Barrio 18, ne vienne les chercher.

Avec le temps, cet accord a fini par créer des relations amicales, et la petite station de bus est maintenant ornée d'une énorme fresque de la pandilla, peut-être la plus grande de toute la communauté. Les pandilleros vont y jouer aux cartes avec les chauffeurs et les collecteurs. Quand ils ont besoin de descendre de la colline, ils voyagent dans ces minibus. Pour résumer, la ligne est devenue le moyen de transport des Guanacos.

C'est un coup dur pour la clica mais aussi pour toute la communauté. Calazo avait plusieurs enfants en bas âge. Les gens sont indignés, et ils ont exigé de ses parents que la veillée mortuaire se tienne ici, à la maison communale, parce que la famille de Calazo vit dans un quartier du centre de Soyapango, un territoire interdit aux gens de la communauté car c'est un bastion du Barrio 18.

Par crainte de la guerre, certains habitants ont quitté la colline, abandonnant leur domicile. Gustavo, le responsable du centre de jeunesse, s'est également enfui. Le programme de renfort scolaire est définitivement abandonné. Désormais, c'est Destino qui est responsable des activités de l'institution, lesquelles se résument à sa petite boulangerie. Chaos et peur règnent dans la communauté. Les gens ne parlent plus que de la guerre.

Depuis les flancs de la colline, on voit des patrouilles de la PNC et de petites colonnes de soldats se mettre en mouvement. Leurs pick-up montent et descendent jusqu'à la communauté. À part les grandes peintures murales, la pandilla est maintenant invisible.

Au centre de jeunesse se trouve Destino. Il est en train de faire son pain comme si de rien n'était, et pourtant c'est lui qui m'a appelé la nuit dernière pour m'apprendre la mort de Calazo. Au téléphone, il semblait nettement plus scandalisé qu'il ne le paraît en personne.

Destino n'aime pas parler de la guerre, d'habitude. Il évite le sujet, et s'esquive dès que quelqu'un le mentionne. Mais aujourd'hui, il a l'air plus causant. Il évoque un ancien pacte qui vient d'être rompu. Les Guanacos ont toujours méprisé les clicas du Barrio 18 qui évoluent en contrebas, les considérant comme des bandes de petits morveux, comparées à eux. Cependant, ils avaient conclu un accord tacite sur la délimitation des territoires, avec une frontière précise : le gigantesque figuier blanc du pied de la colline. À partir de cet arbre, tout ce qui était en bas appartenait au Barrio 18, et tout ce qui était en haut était pour la Mara Salvatrucha. Cela incluait les lignes de bus. Ça a été comme ça pendant des années.

S'il y avait des conflits, cela se limitait à s'entre-tuer dans une sorte de jeu sérieux et violent, sans aller racketter en territoire ennemi. On appelle ce genre d'accord un « pacte du Sud », en référence à une ancienne alliance établie entre diverses pandillas chicanas dans le sud de la Californie, il y a très longtemps[1]. Cette fois, on ne sait pas vraiment

---

1. Cette alliance existe toujours en Californie et dans d'autres régions des États-Unis. Les membres de ce gigantesque et complexe système se font appeler « sureños », « ceux du Sud » et opèrent sous la surveillance de la mafia mexicaine. (NdA)

qui, du Barrio 18 ou de la MS-13, a rompu le pacte, mais cela importe peu, maintenant.

Destino m'explique que les pandilleros ont souvent recours à ce type d'alliances ou de pactes dans des situations critiques :

> « Figure-toi que mes enfants, ils vivent avec leur grand-mère dans une communauté tenue par les *chavalas*, les gamines du Barrio 18. Pas loin d'ici, dans le quartier de Zacamíl. Le truc, c'est qu'avant, je traînais pas mal par là-bas. Ils me connaissaient quoi, et tout le monde sait qui je suis. Le truc, c'est qu'ils se sont mis à faire chier : "On va la tuer, ta mamie", ils disaient à Isaías, mon aîné. Il n'y a pas longtemps, un de ces bâtards lui a écrasé une cigarette sur le bras. Moi, rien ne m'empêchait d'aller là-bas foutre un énorme bordel. Avec l'état d'esprit que j'avais avant, ça m'aurait vite cassé les couilles et je les aurais calmés pour de bon. Mais maintenant j'ai une autre mentalité, je ne suis plus dans ce genre de trucs. Alors j'ai causé avec les gros poissons de ma pandilla, avec la mafia, quoi. Je leur ai dit ce qui se passait et eux, ils sont allés parler avec les autres. Genre : "Ouais, les gosses de Destino se font emmerder, et on veut que ça s'arrête." Et le problème s'est arrêté là. »

Le spectacle offert par les policiers est aussi éphémère que ridicule : après s'être déployés dans la communauté comme des fourmis affolées, ils s'en vont et les pandilleros refont surface. Il en sort de partout et ils sont plus nombreux qu'avant, beaucoup plus nombreux. D'autres communautés ont envoyé des renforts pour soutenir les Guanacos Criminales Salvatrucha.

Alicia arrive au centre de jeunesse. C'est l'une des femmes les plus puissantes de la communauté, de celles dont la langue est une arme mortelle. Alicia est capable de faire courir une rumeur dans toute la colline en une seule journée et ainsi briser la réputation de qui elle veut. Quand ses histoires ne suffisent pas à détruire ses ennemis, elle a recours à une arme encore plus puissante : la MS-13. Elle leur raconte que tel ou tel traîne dans les communautés du Barrio 18, ou s'est moqué de la pandilla. Et, en général, la pandilla les punit. Sur la colline, c'est une femme redoutée. Aujourd'hui, elle est venue se plaindre. Elle demande à Destino s'ils vont rester les bras croisés après la mort de Calazo.

> « Genre vous ne servez à rien ici, ou quoi… Non les mecs, là c'est le putain de bordel. Tout le monde est là à se demander si on va laisser passer ça. »

Les collègues de Calazo, eux aussi, ont réclamé à la pandilla d'assurer la sécurité pour laquelle ils paient chaque mois. Les Guanacos sont partie prenante de la guerre, mais maintenant, ce sont tous les habitants qui sont furieux contre le Barrio 18 et qui veulent les voir payer pour ce qu'ils ont fait. Un air de vengeance flotte sur la colline.

Devant la maison communale, Jazmín est en train de remballer son étal de boissons, bien qu'il soit encore tôt. Elle me raconte qu'en prévision du déferlement de violence qui approche, elle a placé Hugo en pension.

« Vous voyez, je l'ai emmené à Izalco, dans un internat qui a un curé. Parce qu'il ne peut plus vivre ici, vous comprenez. Aïeeee ! Il va me manquer, ce petit, mais j'allais finir par le perdre ici », m'a-t-elle dit presque en criant, avant de baisser la voix. Il est à La Unión[1], mais je ne veux pas que ça se sache, parce que j'ai peur que cet homme-là [elle parle de Little Down] aille le sortir de là-bas.

Comme Hugo ne serait jamais parti d'ici de son plein gré, Jazmín a dû ruser. Elle lui a dit qu'elle allait l'amener à la plage, qu'ils joueraient sur le sable et nageraient dans la mer, qu'elle lui achèterait un énorme poisson. Tout cela, le poisson, la mer, Hugo ne l'avait vu qu'à la télévision. À cinq heures du matin, le gamin tirait sa mère par la main vers le bas de la colline pour profiter du soleil et de la plage qui ne sont jamais arrivés. C'est seulement des heures plus tard, en entendant le son des premiers cadenas, qu'il a compris où il était. Il a pleuré, crié, et menacé sa mère de ne plus jamais l'aimer, mais Jazmín était décidée.

« J'ai déjà perdu la Karla, vous voyez. Depuis qu'elle a quitté la maison, elle… maintenant, on me dit qu'elle a même été en prison, qu'elle s'était mis à voler près de l'école en bas de la colline. Alors, non, ce petit, je ne veux pas le perdre. »

---

1. Izalco est une ville à l'ouest du Salvador, tandis que La Unión est l'un des quatorze départements du pays, l'un des plus éloignés de la capitale, San Salvador, dans la zone frontalière avec le Honduras. (NdA)

C'est vrai, cela fait un moment que la Bête a avalé Karla. Elle vit avec Little Down et celui-ci, dans l'obsessionnelle logique territoriale de la pandilla, l'a marquée pour toujours. Désormais, sur son omoplate, un tatouage proclame en lettres gothiques : **Little Down**.

La vengeance des Guanacos

DESTINO A FAIT UN RÊVE. Il s'est vu assis dans un bus gigantesque qui roulait dans des ruelles obscures. Le bus allait très vite, en rasant les murs dans les passages les plus étroits. Les autres passagers ne lui parlaient pas. Ils le regardaient d'un air dégoûté.

Il demandait au chauffeur où ils allaient, où il l'emmenait, mais ce dernier ne pouvait pas parler. Il le regardait et continuait à conduire. Destino se sentait comme un bœuf mené à l'abattoir. Une dame l'a regardé et lui a demandé :

« Fils, de quelle mara êtes-vous ? Faites-le avec les mains, je veux voir de quelle mara vous êtes.

— De celle-là, de celle-là ! » a crié Destino, en formant la garra salvatrucha avec ses doigts.

La femme l'a regardé avec tristesse :

« Ici, tous les mecs sont du 18, fils. Tous. »

Il est descendu en courant et s'est retrouvé entouré de murs qui confirmaient les dires de l'inconnue : ici règne le Big Barrio 18. Soudain, des centaines de membres du Barrio 18 ont surgi. Il en sortait de toutes les ruelles, de partout, des toits, des portes, du sol. Destino hurlait de peur et courait partout, mais où qu'il aille il tombait nez à nez avec une horrible gamine. Il a crié et crié encore ; tellement que tout s'est effacé peu à peu, jusqu'à ce qu'il réapparaisse dans une chambre violemment éclairée, entre les seins mouillés d'une femme blanche. Quand il s'est réveillé, il était quatre heures du matin et il était seul. Fin du rêve de Destino.

Dans le quotidien de la dernière communauté de la commune, la guerre était chaque jour plus violente et cette cocotte-minute a fini par voler en éclats : le défi lancé par les Columbia Little Syco a été relevé par les Guanacos Criminales, la mort de Calazo a été vengée rageusement. Maintenant, ce n'est plus seulement les GCS qui se battent. Des autres cellules du coin les ont ralliés et ils font la guerre ensemble. Il s'est passé la même chose dans le camp du Barrio 18.

Hier, vers deux heures de l'après-midi, dans le quartier de Zacamíl, contrôlé par le Barrio 18, tout un groupe était massé devant une télévision. Ils regardaient un match de la Ligue espagnole de football. Le Real Madrid recevait chez lui le FC Barcelone, son ennemi juré catalan. La télé était installée dehors, sur le trottoir. Le satellite est cher, quasi inaccessible pour toutes ces personnes, et le poste attirait les jeunes comme un cadavre attire les mouches.

Avant que Messi ne marque le premier but à l'équipe madrilène, deux types sont descendus de voiture, se sont approchés en catimini du groupe, ont sorti leurs armes et ont fait feu. Ils ont tiré jusqu'à leur dernière balle, sont ressortis de la ruelle, ont lancé quelques cris de guerre et se sont enfuis.

Après l'attaque, les victimes rampaient au sol, au milieu de mares de sang. Onze au total, dont deux petites filles et une vieille dame de quatre-vingts ans. Sur l'écran, Messi courait en tirant sur son maillot et en criant comme un enragé en direction des tribunes *blaugrana.* Aux abords du quartier, tous ceux qui entendirent les coups de feu pensèrent que c'étaient des pétards.

Tous les blessés sont maintenant à l'hôpital. Il n'y a pas eu de mort, étonnamment, mais l'un des rescapés a reçu des balles dans les poumons, près du cœur, et les médecins le jugent condamné. C'est un gars du Barrio 18, il s'appelle Carlos et plusieurs des autres blessés sont des proches. Il y a encore cinq hommes dans un état critique, tous de cette même pandilla.

Au centre de jeunesse, dans la dernière communauté de la colline, Destino a de la compagnie. Isaías, son fils aîné, est avec lui. Il l'a fait ramener de Zacamíl il y a déjà quelques jours. Il pense que le garçon sera plus en sûreté ici, avec son père, au sein de l'un des bastions de la Mara Salvatrucha, sur le territoire de la clica qu'il a lui-même fondée, plutôt que là-bas, entouré d'ennemis pressés de se venger.

La clica protège Destino, veille sur lui. Il est possible qu'il ait perdu du pouvoir en se consacrant à créer une boulangerie et en refusant de gouverner la clica des GCS. Il n'en reste pas moins un membre reconnu de la MS. Il a été compagnon de cellule de hauts dirigeants de la mara, a risqué sa vie dans les guerres carcérales les plus violentes. En plus, c'est toujours lui qui raconte les histoires. C'est dans sa boulangerie que Little Down envoie les plus jeunes écouter l'histoire de la Mara. Et c'est toujours Destino qui tatoue tout le monde avec sa machine artisanale et à l'encre de stylo. Il se peut que les Guanacos Criminales Salvatrucha ne lui obéissent plus comme avant, qu'ils l'aient tenu à l'écart de la guerre, mais ils le vénèrent toujours. Tous savent qu'il a été l'un des premiers hommes à porter ces deux lettres sur la peau.

Little Down a donné l'ordre d'apporter un téléviseur à la boulangerie pour qu'Isaías ait de la distraction. Le garçon ne va pas à l'école. Il passe son temps avec son père, à le regarder faire son pain. Quand l'un ou l'autre veut sortir, ils sont escortés par un des Guanacos. Ils savent que s'il lui arrivait quoi que ce soit, de nombreuses cellules de la MS-13 seraient furieuses et leur demanderaient des comptes pour avoir laissé mourir le légendaire Destino.

Les gens de la communauté sont nerveux. La tentative de massacre à Zacamíl fait la « une » de tous les journaux et, ici, les rumeurs vont bon train. Tristes présages de guerre. On dit que le Barrio 18 a attaqué d'autres cellules proches de la MS-13 dans une tentative désespérée de reprendre l'offensive. On dit qu'ils ont juré de « faire descendre les MS de cette putain de montagne ».

Comme toujours, la police patrouille la colline de haut en bas sans jamais arrêter personne. Ils ont installé un poste fixe dans la ruelle où l'attaque a eu lieu et, pour le reste, ils sillonnent toute la ville avec leurs cagoules et leurs fusils automatiques.

La guerre entre pandillas, c'est une femme trompeuse, qui dissimule ses secrets, aussi complexe qu'elle a l'air simple. Cependant, si on l'observe patiemment et attentivement, on peut s'acquitter de ses déguisements et de ses manigances. Sa logique devient chaque fois plus évidente : une succession d'invitations à la bravoure. Elle consiste à frapper, puis à attendre la réaction. C'est ça, le jeu. Chaque fois plus fort. Chaque coup porte en lui sa vengeance.

Le règne de Little Down

CETTE SEMAINE, les Guanacos Criminales Salvatrucha étrennent un nouveau leader. Quelqu'un qui s'est engagé à placer le nom de la clica au premier plan, à l'élever au-dessus de toutes les autres. On murmure que les règles vont changer non seulement pour les pandilleros, mais aussi pour toute la communauté du haut de la colline. Le règne de Little Down est arrivé.

L'Informateur me raconte que s'il était difficile d'abandonner les rangs de la mara dans le passé, ce sera désormais impossible. Finis les compromis. Chaque membre, chaque aspirant va avoir de nouvelles obligations. La mise en branle du char d'assaut des Guanacos a besoin de tous les bras disponibles.

Il semble que l'attaque de Zacamíl a été une sorte de cérémonie de couronnement du pandillero. Une façon de prévenir les clicas du Barrio 18 que les choses allaient changer. Que la colline demeure la propriété de la Mara Salvatrucha. L'Informateur me dit qu'après la mort de Calazo, le chauffeur de minibus, il y a eu pas mal de tensions et d'ajustements au sein de la cellule. D'après lui, c'est El Dark, le pandillero qu'on m'avait présenté le premier jour en même temps que Destino, qui a d'abord repris les commandes après le retrait de ce dernier. Mais il y a eu des plaintes, les bruits ont couru sur la mollesse d'El Dark et les incursions répétées du Barrio 18 sur la colline ne l'ont pas aidé. C'est alors qu'El Viento, le chef suprême de la clica, a décidé de bouger et de confier le commandement à Little Down.

> « Je ne t'avais jamais parlé d'El Viento ? me demande l'Informateur, comme si c'était une évidence. Ah, mon Dieu, alors tu sais rien de rien ! »

Il me raconte qu'El Viento est le leader de cette clica et de plusieurs autres encore. Incarcéré dans l'une des prisons réservées à la MS, il commande son armée de pandilleros depuis là-bas. Il nomme et destitue les leaders de ses clicas et, plus généralement, détermine la direction qu'elles doivent prendre.

Il a été l'un des petits jeunes qui mouraient d'admiration devant Destino au temps où, il y a des années, celui-ci se promenait dans la communauté pistolet au poing et faisait la guerre aux ennemis du Barrio 18. En fait, c'est Destino lui-même qui a initié El Viento. Mais l'histoire de la clica remonte à encore plus longtemps.

En réalité, il n'y a pas de fondateur de la Mara Salvatrucha. Certains universitaires ont beaucoup parlé d'un certain ex-guérillero connu sous le nom d'El Flaco Stoner. Ils disent qu'il a fondé la pandilla dans les années 1970. Curieuse information, quand on sait que la guerre civile a officiellement commencé au Salvador autour de 1980, et que les premières formations pouvant se revendiquer sans rougir de la guérilla ne sont apparues que vers 1975. La MS a surtout été un mouvement collectif, un processus culturel.

Au Salvador non plus, il n'y a pas eu de fondateur. Ce sont des centaines d'hommes marqués du sceau des deux lettres qui, dans le désert désolé que le pays était devenu après la guerre civile, ont vu le terrain idéal pour continuer à faire ce qu'ils avaient fait toute leur vie : des pandillas.

Les nouveaux arrivants ont tout simplement cloné les clicas auxquelles ils appartenaient à Los Angeles. C'est ainsi qu'on a commencé à entendre parler de la Hollywood Locos Salvatrucha, la Normandie Locos Salvatrucha, la Coronados Locos Salvatrucha, la Leeward Locos Salvatrucha, parmi un tas de clicas portant le nom d'une rue de Los Angeles. Et ce n'est pas avant le milieu des années 1990 que quelques pandilleros se sont mis à fonder des clicas indigènes, en faisant généralement référence à leur lieu d'opération. C'est comme ça que sont nés les Teclas Locos Salvatrucha de Santa Tecla, les Iberia Locos Salvatrucha du quartier Iberia, les fameux Sailors Locos Salvatrucha de San Miguel et la Guanacos Criminales Salvatrucha de la rue Montreal, dans la ville de Mejicanos. Tout près de la capitale.

Elle a été fondée par un mec surnommé Sky. On ne sait pas s'il a été tué ou s'il est retourné en Californie. Les histoires sur ce jeune homme ne sont pas claires. Les uns disent qu'il a été expulsé des États-Unis, d'autres disent que non, il n'a jamais été là-bas. Toutes les histoires sont comme ça, dans la Mara. Confuses. La vérité n'existe pas, tout dépend de qui raconte l'histoire. Ce qui est certain, c'est qu'aujourd'hui l'héritage laissé par ce jeune homme lutte à mort contre l'héritage d'autres hommes, probablement très similaires à Sky, qui vivent à quelques pâtés de maisons de cette colline.

Sky a régné plusieurs années sur la clica, jusqu'à en faire l'une des principales de la ville de San Salvador, au même niveau que des structures énormes comme la Mara Salvatrucha.

L'Informateur ne peut pas me dire avec certitude ce qui est arrivé à Sky. Le fait est que la clica s'est soudain retrouvée sans tête. Cependant, quelques mois plus tard, ils reçurent une lettre de sa main par laquelle il laissait l'organisation aux mains de Destino.

Celui-ci l'a encore fait grandir et a réussi à prendre le contrôle de cette colline, à coups de flingues et d'affrontements sanglants avec d'autres prédateurs déjà installés là. Car il y subsistait une ancienne pandilla formée dans les années 1980, la Mara Gallo, l'une des pandillas qui résistaient encore à l'assaut des gigantesques structures de la MS-13 et du Barrio 18.

Mais ce ne furent pas les seuls qu'il fallut exterminer. Il y avait aussi les trafiquants du coin, un groupe qui depuis des années contrôlait le trafic de drogue sur la colline, et dans une bonne partie de la ville. Ceux-là furent encore plus coriaces que la Mara Gallo, bataillant dur avec les Guanacos et en envoyant plusieurs au cimetière. Finalement, grâce à un infiltré, les Guanacos eurent vent d'un plan : les trafiquants allaient convier Destino et d'autres dirigeants à une réunion pour négocier une trêve, et les attaquer par traîtrise. Les leaders de la MS décidèrent d'aller dans le piège tendu par les narcos et de régler ça au pistolet. Un plan simple, mais efficace. Ce jour-là moururent plusieurs pandilleros de la clica, mais aussi tous les trafiquants. Depuis, la colline est MS de bout en bout.

Au début des années 2000, quand Destino a été emprisonné, la clica est passée aux mains d'El Dark, qui n'a pas suffisamment fait ses preuves. Même si Destino est revenu, son rôle est désormais plus celui du vieux sage que du leader actif. Et donc, vu le nouveau Destino et la faiblesse d'El Dark, les rênes de la clica reviennent à celui qui, pour beaucoup, est le sicario le plus violent qu'on n'ait jamais vu sur la colline : Little Down.

Entre les années Sky et l'empire de Little Down, beaucoup de choses ont changé dans le pays, dans la ville et sur la colline. Mais la logique reste la même : une poignée de jeunes qui jouent à la guerre. Qui jouent à s'entre-tuer.

Dans la dernière communauté de la colline, un minibus s'apprête à descendre en ville. Il est plein de passagers, mais il ne démarre pas. Il attend Bernardo et El Maniaco, qui arrivent enfin et bondissent dans le véhicule. Ils portent des chemises du dimanche à manches longues, des chaussures en cuir cirées. Pas de piercing ni de tatouages visibles. L'un va s'asseoir au fond, l'autre à côté du chauffeur.

Les conducteurs s'étant plaint des menaces du Barrio 18, Little Down assigne au moins un pandillero à la protection de chaque trajet. Un dernier passager parvient à monter et le véhicule s'élance dans la descente au rythme colérique de Cypress Hill, comme si la musique sortait de ses entrailles.

Au centre de jeunesse, Isaías, le fils aîné de Destino, m'ouvre la porte. Son père et un autre pandillero sont en train de discuter d'une question importante tout en préparant la pâte à pain. Dès qu'ils me voient, ils changent leur manière de parler. Je ne comprends rien à ce qu'ils se disent. C'est une sorte de dialecte formé de mots à l'envers et d'un tas de chiffres intercalés à la place d'autres mots.

Deux ados d'environ quatorze ans entrent et s'assoient sans rien dire. Destino les prend à part dans un coin. Les jeunes sont nerveux, suent à grosses gouttes. Ils se regardent l'un et l'autre comme pour se donner mutuellement du courage. Destino leur parle de près, avec force gestes et tapes amicales sur l'épaule ou la tête. Little Down les lui a envoyés, peut-être pour qu'il leur donne les dernières instructions de leur mission, peut-être pour qu'il leur donne un dernier conseil, ou une sorte de bénédiction.

Ensuite, il les laisse seuls dans le patio et revient à son pain. Il a l'air affligé. Le pandillero qui était avec lui le dévisage et sourit. Les deux jeunes restent silencieux. Ils regardent le sol en respirant très vite. Ils se regardent, se font un geste de la tête et se lèvent. L'un d'eux tremble.

Avant qu'ils sortent, Destino leur crie une dernière consigne sans lever les yeux de son pain. C'est en argot pandillero :

« *Chatru, homitos !* Faites gaffe, les petits gars ! »

Hugo est revenu dans la communauté et s'est réfugié chez Little Down. Ni les cadenas ni les murs de l'internat où sa mère l'avait placé n'ont eu raison de son intelligence. Il a vite appris les ficelles du lieu, il a attendu de connaître les heures où les portes étaient ouvertes, celles où les gardiens allaient dormir, et il a profité d'une occasion pour s'enfuir. D'après ce qu'il raconte, les enseignants le frappaient dès qu'il n'obéissait pas.

Personne ne tolérait ses manigances et ses insultes. Là-bas, il n'était rien. Il a essayé de leur faire peur en invoquant ses amitiés, en leur disant qu'il était le protégé du légendaire Destino, que sa sœur était l'épouse du redoutable Little Down, et que s'ils n'arrêtaient pas de le tourmenter, la colère des Guanacos Criminales Salvatrucha s'abattrait sur eux. Cela n'a servi à rien, les châtiments ont continué. Et maintenant, Hugo est revenu au sein de la clica, dans l'ombre du nouveau chef.

Des pandilleros continuent à arriver au centre. Je ne les connais pas, ils appartiennent à des bandes voisines. Ils vont trouver Destino et discutent avec lui dans le même langage crypté. L'un d'eux s'approche de moi et me salue en levant l'index, l'auriculaire, et en repliant les autres doigts dans la paume : la garra salvatrucha.

« Ça va ou quoi, *perro* ? Ça roule, *hommie* ? » me dit-il.

Quand je lui serre la main en recouvrant la garra et qu'il découvre que je ne suis pas un pandillero, l'indignation jaillit de ses yeux. Il approche son visage du mien, furieux, et consulte Destino du regard, attendant une explication. Il est temps que je m'en aille.

Je prends congé de Destino, qui s'excuse de l'incident en roulant un peu les yeux. La nuit est tombée, il fait froid sur la colline.

La forteresse des Guanacos

C'EST LA NUIT, le calme règne au sommet de la colline. Cela fait cinq minutes que j'ai dépassé le timide barrage que la police a installé au début de la montée. Une poignée d'hommes effrayés qui regardent les véhicules monter et descendre, un doigt nerveux sur la détente. De temps en temps, ils redressent les cônes orangés que certaines voitures heurtent en passant.

Une ombre furtive passe à côté de moi pour aller se cacher dans une ruelle. La rue a été asphaltée, ma moto ne fait plus de sauts capricieux tous les mètres, et pourtant l'obscurité rend le trajet interminable. Je ressens une sorte de soulagement en apercevant les premières fresques sur les murs et les poteaux, qui indiquent que nous entrons dans le royaume des Guanacos Criminales, dont les initiales en lettres gothiques s'affichent fièrement.

J'aperçois une petite lumière dans un coin de rue. Une dame est recroquevillée sous la lueur d'une minuscule ampoule. Elle retourne des *pupusas*, les galettes de maïs salvadoriennes, sur une plaque chauffante, entourée d'une petite foule de gens dont les yeux pivotent comme des radars quand ils m'entendent. À une heure pareille, les motos ne sont pas bien vues ici, et quiconque arrive des territoires d'en bas est mal vu.

Plus loin, ma monture décolle brutalement et retombe sur le sol, produisant un vacarme qui retentit dans les hauteurs alentour. Tout ça à cause d'un tas de pierres camouflé sous la nouvelle route. Il y a quelques mois, j'ai entendu Destino informer Alicia, la femme à la langue de serpent, que la pandilla avait décidé d'édifier quelques dos-d'âne pour rendre plus difficile l'ascension des patrouilles jusqu'à la communauté. Cette fois-là, Alicia s'était contentée de hocher la tête et de poser des questions pratiques :

« Et ça va se faire avec le fric de la direction, vous n'allez pas participer ? »

J'ai parfois pensé que ce plan faisait partie des exagérations de Destino, histoire de se donner de l'importance, mais lorsque ma moto décolle à nouveau du pavé, je me rends compte que je m'étais trompé. Ces dos-d'âne sont une manifestation de plus de la présence de la Mara Salvatrucha sur la colline.

Quand j'ai demandé aux Guanacos si je pouvais monter ici de nuit, ils m'ont dit qu'il n'y avait pas de problème, et tout avait l'air normal. Maintenant, pourtant, les lieux me semblent très différents. La nuit change tout.

Les branches des arbres surplombant la chaussée donnent l'impression d'avancer dans un tunnel, et les nouveaux dos-d'âne rendent la montée presque impossible.

De loin, j'aperçois des petits jeunes, téléphone portable à la main, qui surveillent la colline. Ce sont les nouvelles recrues de Little Down. Certains me reconnaissent et me font la griffe de la pandilla pour me saluer. Ils accomplissent là leurs premières missions, et s'acquittent de leur tâche avec un zèle tout militaire. La colline est vraiment bien gardée. Il serait quasi impossible pour le Barrio 18 de venir tuer ici. Entre les dos-d'âne et les guetteurs, cette hauteur semble une forteresse inexpugnable, et un piège terrible pour d'éventuels intrus. Le régime de Little Down commence à se faire sentir.

Les portes des maisons sont fermées, on entend seulement une télé allumée ici ou là, ou une voix fugitive qui perce les murs.

Pour le reste, c'est le silence. Même la police respecte ce couvre-feu non officiel : le poste de police est fermé avec un gros cadenas, il n'y a apparemment personne à l'intérieur.

De temps en temps, le faisceau de mon phare attrape un petit groupe de femmes marchant serrées les unes contre les autres, la tête couverte par le voile des évangélistes. J'ai à peine le temps de les voir qu'elles disparaissent à nouveau dans les ténèbres. Tous les services religieux sont terminés à cette heure : on n'entend plus les hurlements des pasteurs, ni les louanges des haut-parleurs.

Quand on arrive dans la dernière communauté, le véritable bastion de la pandilla, il y a un peu plus de vie. Plus de lampes allumées, et les dernières pupusas en train de cuire. Mais il y a quelque chose de différent, ce n'est pas seulement l'obscurité qui sépare ici le jour de la nuit : les pandilleros, qui se cachent et fuient la police à la lumière du soleil, déambulent maintenant tranquillement, en arborant leurs meilleurs atours. L'odeur de la marijuana emplit les ruelles. Chacun d'entre eux est une petite cheminée ambulante. La nuit est leur forteresse. C'est le moment où le pouvoir de la mara est à son apogée. Les ténèbres donnent aux Guanacos une sécurité qui se manifeste dans leurs regards de défi et leurs poses de voleurs de chevaux de Far West.

Je me gare devant le centre de jeunesse. Il est gardé par une nuée de jeunes, des pandilleros appartenant à d'autres clicas. Je ne les reconnais pas et ils ne semblent pas savoir qui je suis, non plus. Ma présence les déconcerte. Little Down est là, il sort du centre en parlant au téléphone. Il ignore mon salut et se dispute en hurlant avec son interlocuteur. Les pandilleros lui jettent des regards interrogateurs, comme pour lui demander qui je suis, mais le jeune monarque s'en va dans la descente sans leur prêter attention. Les jeunes ne s'approchent pas de moi, se contentant de se consulter du regard tels des chats sauvages apeurés par quelque chose.

Ils s'approchent de plus en plus, parlent entre eux, et tapent sur leurs téléphones sans me quitter des yeux. Je peux sentir leur parfum d'eau de Cologne et entendre leurs conversations, mais sans rien y comprendre. Je me rends compte qu'il y a une bonne vingtaine de pandilleros à l'intérieur du centre, derrière eux. L'un d'entre eux me désigne en levant le menton, en forme de salut ou de défi, je ne sais pas. Tout ce que je sais, c'est qu'un million de tambours commencent à résonner dans ma poitrine.

Les regards se font toujours plus pesants. J'ai l'impression d'être écrasé sur place. Pile au moment où la meute commence à s'impatienter, j'entends une voix familière qui m'appelle :

« Hé, Juan, ça roule ? Entre un peu par ici, tu vas pas rester avec ces mecs-là », me crie Destino, et tout redevient normal. Les tambours se calment peu à peu.

Il a l'air nerveux, une jeune femme pendue à son bras. Elle ne doit pas avoir plus de seize ans et elle s'accroche au pandillero. D'un seul regard, Destino fait reculer les autres et je retrouve sur son visage le regard de la guerre. Il regarde les autres un par un, avec une expression de défi. Les pandilleros soutiennent son regard quelques secondes puis baissent les yeux sur leurs portables. Tout est rentré dans l'ordre, maintenant.

Le pouvoir est une épée que cet homme manie avec dextérité. Il me fait signe d'entrer dans le centre de jeunesse :

« Il va pleuvoir, mieux vaut mettre la moto là-dedans, qu'elle ne se mouille pas », me dit-il en me montrant du doigt où la garer, comme un majordome.

Une fois à l'intérieur, je comprends la raison de tout ce déploiement de sécurité. Il y a là des représentants d'autres clicas, et aussi le type à la dégaine de cow-boy mexicain qui était venu négocier sa marchandise avec les Guanacos Criminales Salvatrucha quelques mois plus tôt.

Ils ne discutent de rien d'important, ils sont simplement là. La colline est une splendide forteresse et vu la sauvagerie de la guerre en cours, il vaut mieux pour eux être en lieu sûr. Ils savent qu'après le massacre de Zacamíl, le Barrio 18 prépare sa vengeance. C'est le principe même de ces guerres.

El Danger, membre d'une cellule voisine, m'offre une cigarette et me fait une place dans le cercle pour que je puisse me joindre à sa partie de poker. Destino déballe le plat chinois que j'ai apporté pour le dîner, et l'odeur attire certains pandilleros. Dans la pièce se trouve également El Dark, l'ancien souverain de la cellule détrôné par Little Down. Il est plus tatoué que la première fois où je l'ai vu et, au traitement que lui réservent les autres, il est clair qu'il a perdu son autorité.

Pendant que nous jouons aux cartes, le toit commence à grincer, d'abord comme une douce caresse, puis comme une avalanche de flèches attaquant furieusement la tôle. La tempête a éclaté. Je m'inquiète de ceux restés dehors, et l'un des pandilleros me répond brutalement :

« Ah, qu'ils aillent se faire foutre ! »

La nuit passe tranquillement. La pluie fait un bruit terrible mais qui finit par être apaisant. Nous ne parlons de la guerre que si c'est absolument nécessaire. Les Guanacos et les pandilleros des autres clicas sont confiants. Ils me disent que le Barrio 18 n'osera pas monter sur la colline et que, eux, pour le moment, n'ont pas l'intention de descendre. Ils savent que ce serait un suicide pour le Barrio 18 de les envahir. Ils savent également que l'attaque de Zacamíl leur a donné de l'avance et que la balle est maintenant dans le camp adverse. Confirmant les mots de l'Informateur, ils me racontent que plusieurs cellules du Barrio 18 se sont alliées pour expulser les Guanacos Criminales Salvatrucha de la colline. Mais eux aussi se sont unis : plusieurs clicas voisines ont constitué un réseau logistique commun et, d'après ce qu'ils affirment, ont déjà infligé plusieurs coups mortels à leurs ennemis dans certaines communautés de la ville.

L'aube pointe. Le repas chinois repose maintenant dans les panses des pandilleros. El Dark a amassé une petite fortune en pièces. Les cigarettes circulent, la pièce se remplit de fumée.

La clica est calme et confiante, les pandilleros se savent les maîtres des lieux et n'ont pas l'intention de faire un pas hors de cette colline.

Le minibus

LA VIOLENCE A PRIS POSSESSION de la colline par les flammes. Les chars de combat des pandillas sont entrés en collision, abandonnant une traînée de cadavres derrière eux. Ils ont emporté tous ceux qu'ils pouvaient avec eux, sous la forme de corps carbonisés. Cela a été une nuit de rage et de feu.

Les Columbia Little Syco sont passés à l'action. Ils ont brutalement redoublé de forces. Durant la nuit, ils ont kidnappé l'un des minibus protégés par les Guanacos Criminales Salvatrucha avec tous ses passagers. C'étaient des habitants la colline. Ils l'ont conduit jusqu'à la Colonia Jardín, en face de l'école du quartier. Presque au même endroit où ils avaient assassiné Calazo quelques mois plus tôt. Là, ils les ont arrosés d'essence et les ont brûlés vifs. Ils sont restés autour du bus en attendant qu'ils meurent jusqu'au dernier. Ils ont tiré sur ceux qui tentaient de s'échapper par les fenêtres. Pour le moment, onze personnes sont mortes carbonisées, et treize agonisent à l'hôpital. À la fin de la semaine, dix-sept personnes seront mortes.

Au même moment, d'autres pandilleros du Barrio 18 attaquaient un deuxième minibus qui remontait la colline. Ils ont trompé le chauffeur en lui faisant signe de s'arrêter, et quand le véhicule a ralenti, ils l'ont mitraillé à tour de bras. Ils ont eu beau tirer autant qu'ils pouvaient, ils n'ont pas réussi à arrêter le bus, qui a continué sa route jusqu'à l'hôpital avec son chargement de morts et de blessés. Hazel, une fillette de six ans, a été tuée sur le coup, elle a pris une balle juste entre les deux yeux.

Le projectile n'a pas explosé son crâne, il est ressorti directement par l'arrière, et c'était comme si la petite s'était endormie sur les sièges ensanglantés du bus. Ceux qui ont eu plus de chance se sont retrouvés sur des lits d'hôpital, certains agonisant, leurs corps recouverts de brûlures.

Rendus fous par les attaques des Guanacos, les Columbia Little Syco ont décidé de jouer leur va-tout. Ils ne pouvaient pas se permettre de perdre. Le massacre de Zacamíl n'a pas été leur seul revers : hier, dans le quartier de Polanco, en plein milieu d'un centre du Barrio 18, les Guanacos ont assassiné chez lui un dénommé Crayola, membre des Columbia Little Syco, un petit gros aux yeux globuleux. Devant sa famille, les assaillants ont criblé de balles sa tête et son torse avant de fuir vers la colline Montreal. La nuit venue, tandis que les proches de Crayola le pleuraient pendant sa veillée, El Carne, le leader des Columbia, réunissait ses *hommies* aux pieds des balançoires délabrées du petit parc public de la Colonia Jardín, pour planifier leur vengeance. C'est là qu'il a été convenu d'incendier le minibus. C'est de là qu'est parti en courant un pandillero aux cheveux courts et bruns, connu sous le nom de Fox, pour aller chercher de l'essence. C'est de ce petit parc, aux pieds de balançoires délabrées, au sein d'une communauté meurtrie, qu'un groupe de jeunes maigrichons et basanés s'est mis en route avec la mort à l'esprit.

Les Columbia Little Syco ont affirmé savoir qu'en plus des Guanacos, deux amis du défunt Calazo avaient participé à l'assassinat de Crayola : le chauffeur de bus Juan Martinez et son assistant, Juan Erazo, l'un et l'autre employés de la Route 47. Les deux sont déjà morts. Ils ont été les premiers à se faire liquider, avant même que le minibus soit englouti par les flammes.

Ce matin, très tôt, l'une des victimes hospitalisées est tombée dans le coma. C'est une jeune femme, dans les trente-deux ans. Elle a un bras en mille morceaux, et le corps calciné. Ses poumons sont ravagés par la fumée qu'elle a inhalée. Un tube lui traverse la gorge. Ses proches l'ont donnée pour morte plusieurs fois et pourtant elle s'accroche à ce qui lui reste de vie, à ce que le feu ne lui pas a dérobé. Les médecins s'apprêtaient à amputer les lambeaux qui lui restent à la place des bras, mais ils ont suspendu toute nouvelle opération pour le moment. C'est une attente résignée, comme si rien ne valait plus la peine, comme s'il n'y avait qu'à patienter jusqu'à ce que le peu de vie qui lui reste s'en aille aussi.

Avant de se transformer en un corps moribond et carbonisé, en un simple chiffre dans les statistiques nationales de la violence, cette femme avait un nom. Elle s'appelait Carlota, habitait l'une des communautés de la colline, avait mis au monde deux filles – de douze et neuf ans. Elle avait un foyer et une vie. Ce dimanche, elle est montée avec ses deux filles dans un minibus, l'un de ceux dont le trajet s'arrête en haut de la colline. Elle avait fait ce trajet dans ce bus, avec ses filles, tellement de fois que c'était devenu une de ces actions imperceptibles du quotidien, qu'on a à peine conscience d'accomplir. Moins de vingt minutes après le départ, El Fox, El Payasín, El Wuilita et d'autres pandilleros des Columbia Little Syco ont surgi avec leurs balles, leur folie meurtrière et leurs bidons d'essence. Ils étaient là pour venger par le feu la mort de leur *homeboy*.

Les faits s'éclaircissent un peu plus chaque jour, dénonçant leurs auteurs qui, comme dans une pièce de théâtre, montent sur scène un par un. Hier, j'ai parlé avec Alicia au téléphone. Elle avait la voix rauque et reniflait toutes les deux secondes. Elle m'a raconté que l'ambiance est épouvantable, là-haut. Tout le monde a peur. Entre deux soupirs, elle m'a dit que l'une des fillettes assassinées, celle qui a reçu une balle en plein front, était sa nièce. Les autres, on ne sait pas encore qui ils étaient : les corps sont tellement calcinés qu'on n'arrive pas à distinguer les hommes des femmes. Les restes humains se sont fondus dans les sièges du minibus.

Les pompiers ont dû séparer les bouts de charbon vivants des morts. Les premiers ont été emmenés à l'hôpital de Zacamíl, les seconds empilés dans des sacs noirs.

Je parle avec Destino. Il me dit que tous les Guanacos sont sains et saufs mais qu'il y a des civils morts, c'est comme ça qu'il les appelle, et il ajoute qu'il m'expliquera mieux plus tard, que pour l'instant il peut seulement me dire que c'est chaud, ici. Je crois qu'il n'aurait pas pu trouver un meilleur qualificatif.

Quand Carlota a senti les premières brûlures lui manger le corps et attaquer ses filles, elle s'est mise à taper dans la vitre avec son bras, encore et encore, avec l'acharnement d'une mère, d'une mère qui voit ses enfants brûler sous ses yeux. Elle a frappé jusqu'à se casser le coude… Puis elle a continué à frapper. Lorsque le verre a enfin commencé à céder, son bras était en mille morceaux. Quand elle a enfin brisé entièrement la vitre à force de la cogner avec un sac d'os brisés, son corps était enveloppé par les flammes. Dehors, ses bourreaux attendaient, pistolet à la main, ceux qui s'échappaient.

Aujourd'hui, dans toute la ville, court une rumeur selon laquelle les Guanacos Criminales Salvatrucha de la colline ont décrété un couvre-feu.

> « Que personne ne sorte de chez soi après sept heures du soir ! Ici, le sang va couler ! » ont-ils clamé.

Un hélicoptère de la police tourne dans le ciel, les patrouilles sillonnent la ville. À la radio, un policier de haut rang ne cesse de répéter que ce ne sont que des ragots, qu'il ne faut pas avoir peur. Quand un bus vient de brûler avec vingt personnes dedans, pourtant, on a du mal à le croire. Les rues de la zone sont vides. Tout est fermé, tout est caché. La police a arrêté huit pandilleros de la Columbia Litte Syco dans plusieurs communautés du coin. Tous des jeunes, qui apparaissent menottés et tête baissée sur les premières pages des journaux de tout le pays, ainsi que dans de nombreux médias internationaux. Ils sont tous bruns, petits de taille, tatoués. Ils ressemblent tellement aux Guanacos, ils se ressemblent tellement.

Leurs noms de guerre ont l'air d'une mauvaise plaisanterie, comparés à leurs corps et à leurs yeux faméliques : El Gárgola, El Yanky, El Zeta, El Choco, El Chimbolo, El Pelón[1]…

Malgré la confusion générale, les policiers et les habitants sont certains que le Barrio 18 est derrière l'attaque. Et ils sont certains d'autre chose : la riposte de la Mara Salvatrucha 13 est à venir.

La guerre des pandillas est une sorte de jeu mortel. Macabre, mais un jeu tout de même. Un groupe conclut un accord avec un autre groupe. L'accord consiste à se tuer mutuellement. Une fois, c'est toi ; une fois, c'est moi. De ce jeu dépendent leur statut social et leurs vies. C'est leur cause.

Chaque coup implique la réplique de l'adversaire. Comme aux échecs, chaque mouvement de pièce entraîne une réponse. Sinon, la partie n'a pas d'intérêt, plus rien n'a de sens.

Avec le massacre de la Colonia Zacamíl et le meurtre de Crayola, Little Down est allé trop loin. Il ne s'est pas contenté de tuer Carlos, il a aussi blessé gravement

1. Le Thon, le Yankee, le Zeta, le Bigleux, le Gardon, le Chauve, entre autres (NdT).

plusieurs de ses proches et d'autres pandilleros. Il a plongé dans la peur et l'indignation tout ce quartier contrôlé par le Barrio 18. C'est de cette façon que le monarque irascible a inauguré son règne. À peine deux mois après le massacre et un jour seulement après l'assassinat de Crayola, le Barrio 18 a fait payer son audace à Little Down. Ils l'invitent à poursuivre l'escalade de la violence, à monter d'un échelon dans la barbarie. Alors, il ne reste maintenant qu'à attendre la riposte des Guanacos et de leur navire amiral gouverné par Little Down, avec des dizaines de petits jeunes de la colline Montreal pour équipage. On croirait une reprise tordue et macabre de Peter Pan et le pays imaginaire.

Avant d'être presque entièrement brûlée vive, Carlota a réussi à lancer sa plus jeune fille à travers la vitre qu'elle avait brisée avec son bras en morceaux. Elle l'a lancée dans la rue.

Dehors, les bourreaux tiraient.

Carlota n'a pas eu d'autre choix que d'offrir ensuite son aînée à la meute. Ou les flammes, ou les balles.

Je ne sais pas si ses yeux avaient déjà été consumés, ou si l'incendie lui avait fait perdre la raison, je ne sais pas si Carlota a pu voir la pluie d'éclats ravager le visage de sa fille aînée. Elle s'est évanouie, et n'a pas repris conscience depuis. Il est possible qu'elle ne sache jamais si son propre sacrifice a servi à quelque chose, si ses filles ont survécu, si le résultat de toute cette souffrance a été la vie, ou la mort.

Les filles sont vivantes. Les balles ont pratiquement ignoré la plus petite, Alejandra. Seul un projectile a touché sa jambe, volant un peu de chair et de peau que son jeune corps saura vite reconstituer.

Quant à Marlén, la plus âgée, les éclats ont touché son visage. Mais ils ont échoué. Elle n'est pas morte. Ils n'ont même pas pu provoquer de dégâts considérables. Les flammes ont fait leur truc. Mais elles ont aussi échoué. Elles ont brûlé la peau des filles, et cramé leurs cheveux. Mais ce sont encore des enfants, la peau et les cheveux refleuriront. Ce sacrifice n'a pas été vain. Carlota, même si elle ne le saura peut-être jamais, a vaincu la mort.

Le feu se paie avec le feu

UNE SEMAINE S'EST ÉCOULÉE depuis que les rues de Mejicanos ont repris la normalité fébrile qui les caractérise. La vie sort petit à petit dans les rues, humble et soumise comme une femme battue. Les autobus reprennent leur trajet normal, et le marché est ouvert, comme toujours, comme si les pandilleros n'avaient pas brûlé vivantes plus de dix-sept personnes une semaine plus tôt.

Du spectaculaire déploiement policier, il ne subsiste qu'un modeste barrage, qui se résume à une petite rangée de cônes séparant la rue en deux, et à une paire de policiers qui regardent les voitures passer les yeux grands ouverts. Il y a aussi quelques agents municipaux qui effectuent des rondes autour des lieux, encore fumants, où ont brûlé tant de personnes. Ils pensent peut-être que les auteurs vont revenir cramer un autre minibus…

« Écoute, vieux, je vais être franco. Ce truc, ça craint grave. »

C'est ce que me dit l'Informateur dans un petit café loin de la colline, comme en préambule à une cascade d'histoires. Cette fois, il n'y aura pas de magnétophone. Il me dit que les gens oublient, pas les magnétophones. Il a l'air triste. De temps en temps passe dans ses yeux la colère qu'il a un jour ressentie, quand il traînait avec les Guanacos Criminales Salvatrucha.

Il me raconte que la clica n'a plus de leader : quelques jours avant le dernier massacre, la police a jeté en prison Little Down et El Maniaco. Ils sont accusés de plusieurs homicides. S'ils sont jugés coupables, ils devront payer trente ans pour chaque mort.

Pour le moment, le règne de Little Down est suspendu. Il est possible que ses jours de gloire soient terminés à jamais. Si le parquet fait son travail, il ne pourra plus chevaucher la mort, il ne sillonnera plus les rues de la communauté en faisant balancer ses amulettes, annonçant ainsi la tragédie. Mais seulement si le parquet fait son travail. D'après l'Informateur, la police l'a coffré en pleine nuit, au cours d'un raid surprise. Un essaim de policiers en cagoule et armés de fusils automatiques a encerclé sa maison. Ils ne sont pas allés jusqu'à forcer la porte à la masse, comme ils le font souvent dans ce genre de cas.

Une fois la maison encerclée, ils ont intimé l'ordre de sortir les mains sur la tête aux deux pandilleros. En réponse, Little Down leur a déchargé dessus le contenu d'un pistolet. L'ex-tueur à gages des Guanacos n'allait pas quitter sa communauté si facilement. Il n'abandonnerait pas son royaume sans se battre. La fusillade a retenti dans tout le quartier. Ce déchaînement de plomb a fait reculer la police, et Little Down en a profité pour partir en courant à travers les ruelles, pistolet à la main et El Maniaco sur ses talons. La meute de policiers les a poursuivis infatigablement. Le pandillero a continué à se battre même en se sachant encerclé et, comme un renard traqué par des chiens de chasse, il a tenté de se faufiler par les mailles du filet mais celui-ci a fini par se refermer sur lui.

Je me rappelle Little Down assis à côté de moi, me racontant des bouts de sa vie de sicario pour la Mara Salvatrucha, ses années à la prison de Mariona sous la coupe des bandes redoutables du parrain Bruno[1], ses amours toujours tragiques avec les filles du coin, sa période d'apprentissage aux plus bas échelons de la Mara Salvatrucha, ses rencontres sanglantes avec le Barrio 18. Il ne parlait qu'en argot. Je me souviens encore de ses yeux en amande, de leur noir intense, de la rage qui brillait à l'intérieur.

Les rumeurs soutiennent que la clica est de nouveau dirigée par El Dark, mais elles ne sont rien de plus que cela, des rumeurs. Pour le moment, tout est flou. Ce qui est sûr, c'est que Little Down a abandonné pour toujours sa cellule bien-aimée, son char de guerre. Le roi des Guanacos est tombé et la clica attend nerveusement un nouveau leader.

---

1. Edgar Bruno Ventura, l'un des parrains les plus connus de l'histoire moderne de la criminalité au Salvador, dirigeait un réseau de prisonniers appelé « La Raza » ou « LR ». Il fut sans doute le délinquant non membre d'une pandilla le plus célèbre des années 1990. (NdA)

De leur côté, les Columbia Little Syco ont profité de ce moment de crise des GCS pour jouer un nouveau coup.

La nuit d'après le massacre, alors que le centre de Mejicanos grouillait de policiers et de militaires, un escadron du Barrio 18 est monté jusqu'à la dernière communauté de la colline, pour frapper une troisième fois les Guanacos. Deux voitures bourrées de pandilleros ont emprunté la seule route conduisant à la communauté. Ils se sont arrêtés devant la maison d'El Dark. Approchant en silence, à la recherche du leader provisoire des Guanacos, ils ont ouvert le feu sur la maison, criblant de balles tout ce qui bougeait. Ce qui reste de la clica a sorti son arsenal pour les affronter et fait résonner dans le quartier la fureur des vaincus. On dit que pendant plusieurs minutes on a entendu la clica se défendre, rageuse, perdante, contre ses prédateurs. Malgré le vacarme de la fusillade, aucune patrouille ne s'est risquée sur la colline. Aucune caméra de télévision, non plus.

Il est probable que Destino ait raison quand il dit qu'il existe un accord entre la police locale et les Columbia Little Syco. Un jour après la tuerie, aux abords du quartier où elle a eu lieu, dans la maison numéro 18, la police a découvert l'arme utilisée pour abattre Juan Martínez, le chauffeur de minibus. Un calibre 9 mm de la marque CZ, une arme de service qui avait été déclarée volée par un membre de la section PPI (Protection des personnalités importantes). Rien d'accablant en soi, mais de quoi éveiller les soupçons.

J'interroge l'Informateur au sujet de la réponse de la Mara Salvatrucha à cette invitation à la barbarie. Je lui demande si El Viento est au courant, s'il a déjà donné des ordres. Il se tait, me regarde dans les yeux, puis m'offre un sombre et triste pronostic.

Il prédit que la prochaine sortie de la Mara Salvatrucha sera violente, terrible. Certains ont évoqué la possibilité de brûler vifs tous les marchands ambulants du quartier Jardín. Le feu se paie avec le feu. C'est une pratique courante par ici.

D'après un enquêteur de la police nationale, voici déjà plusieurs années que l'on retrouve des corps carbonisés dans cette zone, conséquence directe de la guerre entre pandillas. C'est devenu une sorte d'échantillon standard de barbarie, le sceau des clicas en guerre. L'idée communément admise, c'est que pratiquement toute la population du quartier collabore avec le Barrio 18, et que tous méritent de connaître le même sort que les passagers du minibus. D'autres préféreraient les cribler de balles. D'autres, plus modestes dans leur vengeance, veulent liquider le chef de l'une des clicas impliquées dans l'attaque. Ce plan-là n'aurait rien de très compliqué : il suffirait d'envoyer un gosse prendre des photos de la cible avec un téléphone portable, comme un espion, attendre les résultats et envoyer un escadron en bas de la colline pour se charger de l'exécution. Ça aussi, c'est courant par ici.

Je demande à l'Informateur s'il pense que les Guanacos Criminales Salvatrucha pourront survivre aux assauts d'adversaires aussi nombreux, s'il croit que la clica, désorientée et sans leader, va finir par craquer et abandonner le haut de la colline pour toujours. L'Informateur reste pensif un moment et il me répond que non. Un non net et précis, plein de conviction.

Il me dit que ce n'est pas la première crise que traversent les Guanacos, il me raconte une série d'histoires dans lesquelles El Viento, Destino, Calavera, El Casper et Little Down sont les protagonistes de grandes victoires. Il parle des guerres contre les narcotrafiquants de la zone, de comment ils les ont exterminés et comment ils ont expulsé la Mara Gallo. Il me raconte encore comment les assauts du Barrio 18 ont été repoussés depuis plus de dix ans et m'assure que ce sera la même chose cette fois : la Mara Salvatrucha aura le dessus.

Quant au problème des dirigeants, il me dit que ce n'est pas grave, que les meneurs potentiels abondent au sein de la pandilla. Il me confie qu'il y a déjà de nombreux candidats à la succession de Little Down. Puis, avec un regard espiègle, l'Informateur me pose l'une de ses habituelles questions rhétoriques :

> « Tu as déjà entendu parler d'El Garrita, de “Petite Griffe”, non ? Dis-toi que ce gamin, El Viento et Sky l'ont trouvé dans un parc… C'est ce qu'ils m'ont raconté. »

Selon la légende, ces deux pandilleros sont tombés un jour sur un nouveau-né. Aussitôt, ils ont vu dans ce petit paquet criard et affamé bien plus qu'un nourrisson abandonné : l'occasion de perpétuer leur pouvoir en lui, d'en faire leur héritier. C'est pourquoi ils ont décidé de le recueillir et de l'élever au sein de la pandilla. La Mara serait la seule famille qu'il connaîtrait, et il apprendrait à l'aimer et à la respecter dès le début. Le bébé serait une sorte d'« être élu » que toutes les clicas du coin devraient accepter et respecter comme une extension vivante du pouvoir d'El Viento, de Sky et de leur groupe, les Guanacos Criminales Salvatrucha.

Ils ont décidé que l'enfant devrait passer un certain temps dans chacune des clicas, aux soins des meufs des pandilleros et des *homegirls* de la bande. Et pour symboliser ce pacte du gamin avec la pandilla, ils ont fait tatouer sur son visage la garra Salvatrucha.

Il s'agit probablement de l'une de ces histoires qui grossissent en passant de bouche en bouche, et qui à force d'être racontées finissent obèses. Le fait est, pourtant, que cet enfant existe. Il est aujourd'hui emprisonné pour homicide, et sur son visage brille le tatouage de la griffe de la Salvatrucha. C'est sans doute l'un des prétendants pour prendre le gouvernail du navire que Little Down a laissé partir à la dérive.

Dans la dernière communauté de la colline, le calme est revenu. Les pandilleros se cachent, les gens reprennent peu à peu une existence normale. Les premiers minibus recommencent à rouler. Ils sont rares à avoir le courage de les conduire, et rares à vouloir faire le trajet dedans.

Alicia remonte la pente en soufflant avec ses marmites vides. C'est bon signe, ça veut dire qu'elle a tout vendu. Jazmín a toujours son étal de boissons fraîches devant la maison communale. Elle a donné Hugo pour perdu et se borne à lui laver son linge et à lui donner à manger quand il passe par la maison. Il continue à aller à l'école mais les autres enfants ont peur de lui. « Peut-être que tout est la faute de la mère, à force de se mettre avec des pandilleros », disent certains. Jazmín est la cible de bien des critiques, et pourtant elle a maintenant une autre chance, qui grandit dans le ventre de sa fille : dans moins de deux mois, Karla va donner le jour au rejeton que Little Down lui a laissé avant de partir et du coup elle a pris « du plomb dans la tête ». Elle est rentrée chez sa mère et les deux s'activent maintenant autour de la grande bassine de boissons fraîches. Elles élèveront le bébé ensemble.

Le fou de la communauté continue à hurler chaque soir, sans laisser de répit aux démons qui viennent le tourmenter quotidiennement. En face, dans le centre de jeunesse, Destino continue à faire son pain, solitaire et fatigué.

Gustavo, lui, n'a pas repointé son nez ici, renonçant pour toujours à son poste de directeur du centre. Ce qui reste des Guanacos Criminales Salvatrucha ne sont encore que des gamins, impatients de jouer de nouveau à la guerre, guettant la moindre invitation, le moindre défi de barbarie du Barrio 18. Ce qui ne tardera pas à se produire.

Cette guerre s'est achevée, probablement pour céder la place à une autre où les soldats ressembleront aux précédents, où les cercles de la mort recommenceront à se fermer encore et encore.

C'est presque la nuit. Un manteau de nuages se pose sur les collines de la ville. Bientôt, leurs eaux laveront les rues.

ÉPILOGUE

S. ROMERO / MADRE MARIETJE
PARROQUIA
AN FRANCISCO DE ASIS

Le pire est à venir

DÉCEMBRE 2012

Cela fait déjà plus d'un an que je suis monté à la communauté pour la dernière fois et là-haut, comme dans tout le pays, certaines choses ont changé.

Après avoir développé la boulangerie et avoir associé d'autres *homeboys* au projet, Destino a été une nouvelle fois appréhendé par la police, qui l'accuse d'être le dirigeant régional de la MS-13 et de recourir à des mineurs pour perpétrer ses méfaits. Ils l'ont arrêté chez lui, à moitié nu, lors d'une gigantesque opération impliquant des dizaines de policiers et presque le même nombre de journalistes couvrant l'événement. Dans la maison ne sont restés qu'Isaías, l'épouse de Destino et leur enfant de quelques mois.

Les accusations citées contre lui sont peu plausibles. Il travaillait à temps plein pour les projets de réhabilitation sociale d'une congrégation catholique et il s'était éloigné depuis longtemps de la clica qu'il avait contribué à fonder. N'empêche, il devra maintenant se frayer à nouveau un chemin dans la jungle de l'univers carcéral, probablement à Ciudad Barrios, le principal centre de détention réservé à sa pandilla, et se gagner encore une fois le respect qui lui a permis de survivre tant d'années au sein de la MS. Tout dépend maintenant de son procès, dont la date n'a pas encore été fixée.

C'est aussi à Ciudad Barrios que vit Charlie, le petit jeune expulsé d'Amérique du Sud. Il a été condamné pour l'assassinat de l'un des membres de la Columbia Little Syco ayant participé à l'incendie du minibus. C'est également là que purge sa peine Moxy, le jeune qui me suppliait tous les jours de lui prêter ma moto. Il a tué par balles deux ouvriers qui construisaient un mur dans la communauté, apparemment parce qu'ils vivaient dans un endroit contrôlé par le Barrio 18.

Au Salvador, les pandillas ont grandi et se sont restructurées au point de dicter leurs conditions aux autorités, à de multiples égards. En échange d'une réduction des morts violentes dans le pays, elles ont réclamé une réglementation carcérale moins draconienne, ainsi que le transfert de leaders nationaux enfermés dans la prison de haute sécurité Zacatecoluca vers des établissements moins rigoureux comme Ciudad Barrios, pour ce qui est de la MS. Cet accord a jusqu'ici donné des résultats. Le taux national d'homicides est passé de quatorze par jour à cinq. Le gouvernement célèbre des messes d'actions de grâce dans les prisons et se vante d'être parvenu à quelque chose d'inédit, d'hier encore impossible : une sorte de deuxième round d'accords de paix, cette fois entre les deux principales pandillas. Dans les communautés où vivent les pandilleros de bas étage, entre les baraques de fortune, pourtant, la rumeur court que ce pacte ne tiendra pas, que ce qui vient sera beaucoup plus complexe, beaucoup plus sauvage. On dit que la direction de chaque pandilla a profité du lest concédé par les autorités pour se réorganiser, faire le ménage dans ses rangs et redéfinir les hiérarchies à la base. De nombreux pandilleros qui ont refusé de se plier à ces nouvelles dispositions ont été liquidés, comme El Mafioso et El Droopy, assassinés par leur propre pandilla dans le quartier de Las Margaritas à Soyapango. Ils sont encore plus nombreux en cavale, ayant fui les purges de la MS-13. Par ailleurs, l'envergure mondiale de la Mara Salvatrucha 13 a conduit le Département du Trésor des États-Unis à l'inclure, en octobre 2012, à la liste des organisations criminelles transnationales constituant une menace contre la sécurité nationale.

Pourtant, le ministre de la Justice et de la Sécurité publique du Salvador, le général David Munguía Payés, ainsi que les hauts responsables gouvernementaux, continuent à se réjouir et à s'autocongratuler pour leur audace. Pendant ce temps, dans la rue, parmi les plus pauvres, les gens vivent dans la peur et le pressentiment que le pire est à venir[1].

---

1. Deux piliers de la trêve interpandilla, les généraux David Munguía Payés et Francisco Salinas (ce dernier est directeur général de la police nationale civile), ont abandonné leur poste officiel respectif en mai 2013 après un arrêté du tribunal constitutionnel de la Cour suprême stipulant que leur nomination avait été inconstitutionnelle, ces positions ne pouvant, selon la Cour, être légalement confiées qu'à des civils. (NdA)

JUIN 2013

Edgar Giovanni Morales, alias Destino, a été assassiné le 6 mars 2013 par des tueurs du Barrio 18, sur les flancs de la colline Montreal. Sa mort a fait chanceler la trêve déjà intrinsèquement fragile entre les pandillas, et a plongé les *homeboys* de la Mara Salvatrucha 13 dans la consternation à travers tout le pays.

On raconte que Destino s'apprêtait à enfourcher sa moto quand un jeune homme brun aux yeux bridés s'est approché de lui, pistolet en main. Ils ont lutté plusieurs minutes, jusqu'à ce que le sicario parvienne à lui loger une balle dans la tête. Le jeune l'a achevé alors qu'il était tombé à genoux. Il est resté étendu sur le trottoir, entortillé dans la veste bleue qu'il portait quand il descendait de la colline, au milieu d'une mare de sang. Ainsi se sont achevés les jours de Destino des Guanacos Criminales.

Quelques heures plus tard, certains de ses *homeboys* les plus proches ont envoyé au diable la trêve : ils ont foncé à moto vers la ville voisine de Cuscatancingo, territoire du Barrio 18, où ils ont abattu plusieurs personnes, dont une patrouille de police. Et plusieurs semaines après, la dépouille d'un jeune homme brun aux yeux bridés a été découverte à quelques kilomètres de la colline, enveloppée dans un drap. Le corps présentait des traces caractéristiques de torture, et une balle dans la tête.

Quelques jours après la mort de Destino, le président Mauricio Funes a estimé dans une déclaration que ce meurtre avait des mobiles politiques. Les hauts fonctionnaires chargés de superviser la trêve se sont abstenus de tout commentaire, et ils ont éteint leurs téléphones.

Au même moment, dans la prison de Ciudad Barrios, la forteresse emblématique de la MS-13, était organisée une soirée qui aurait été impensable avant la trêve. Devant plus de deux mille *homeboys* incarcérés, une troupe de théâtre professionnelle s'est produite, puis des petits ateliers théâtre composés de pandilleros ont également fait de modestes représentations. Certains prisonniers ont interrompu les festivités en demandant une minute de silence en hommage au défunt Destino des Guanacos Criminales. Des milliers de têtes tatouées se sont baissées, et pendant soixante secondes le silence a régné dans cet entassement humain infernal qu'est Ciudad Barrios. Les dirigeants nationaux de la pandilla – El Diablito, El Sirra, Snayder, El Trece, entre autres – ont également manifesté leur respect envers le camarade assassiné.

JUIN 2015

Oscar Sigarán, dit Little Down, a été tué par la police deux ans plus tard, au cours d'un affrontement survenu en février 2015. À ce stade, la trêve avait été irrémédiablement rompue. Après un échange de tirs pendant lequel Oscar a été grièvement blessé, un policier lui a défoncé le crâne avec la crosse de son fusil M16, exposant le cerveau à l'air libre et provoquant sa mort. Au cours du même affrontement, les policiers ont assassiné El Trucha, le bras droit de Little Down durant son commandement des Guanacos Criminales Salvatrucha de la rue Montreal.

SEPTEMBRE 2018

Il fait nuit. Il est sept heures et demie du soir. Presque la même heure où tout s'est passé. Nous sommes en face du carrefour de la rue Castro-Morán du quartier Jardín, là où, il y a huit ans, les Columbia Little Syco ont incendié le minibus avec trente-deux personnes à l'intérieur.

Alejandra, la fille de Carlota, a aujourd'hui dix-huit ans et s'apprête à passer le bac. Elle est assise près de moi. Quand je lui demande ce qu'elle ressent en se retrouvant ici, elle m'ignore un instant, regardant fixement le lieu de la tragédie. Toute sa vie a changé ici même. C'est là qu'elle a brûlé vive aux côtés de sa mère, de sa sœur et de ses voisins. C'est là qu'elle a vu les Columbia former un cercle autour de sa mère inconsciente et tirer à plusieurs reprises, plus de fois qu'elle ne voudrait se souvenir. Ce soir-là, rue Castro-Morán, la mort lui a dérobé sa jeunesse mais elle n'a pas pu tout lui voler : chez certaines personnes, la vie est toujours la plus forte.

Carlota a survécu.

Ni les flammes, ni les balles n'ont eu raison d'elle. Même la brutale chute sur la chaussée, lorsqu'elle s'est lancée par la fenêtre éventrée après avoir sauvé ses filles du feu, n'a pu lui briser le cou. Chez elle aussi, la vie est forte. Elle se refuse à l'abandonner.

Ce jour-là, pompiers et policiers l'avaient donnée pour morte. Marlén, sa fille aînée, s'était jetée sur elle et deux policiers avaient dû la séparer de force de ce qu'ils croyaient être le cadavre de sa mère. Ils ont fait monter l'enfant dans une voiture de police avec Alejandra, sa petite sœur, et trois autres adultes. Parmi eux, il y avait María, une autre femme de la colline Montreal, dont le corps était brûlé à plusieurs endroits mais qui respirait encore. Le véhicule est parti, et les deux jeunes filles ont fini par perdre de vue leur mère. Carlota a été la dernière à être conduite à l'hôpital. Elle a passé au moins une heure en compagnie de cadavres carbonisés. Les secouristes ont pensé qu'elle en était un autre, de cadavre. Ils se trompaient.

Carlota est assise juste derrière moi. Je me tourne vers elle, je lui dis que si cette nuit avait été une partie de cartes entre la mort et elle, elle serait riche aujourd'hui, et la mort n'aurait pas un rond. Elle rit à peine et continue à regarder avec sa fille les lieux où tout est arrivé.

Un peu avant, Carlota m'a raconté qu'à son arrivée à l'hôpital, elle était inconsciente. Que ses filles avaient été envoyées dans une autre clinique. Marlén, qui avait alors douze ans, a eu une crise de panique : elle croyait qu'elle avait laissé sa mère là-bas, près du bus calciné. Elle croyait l'avoir abandonnée. Alejandra, neuf ans, ne comprenait pas trop ce qui se passait. Son jeune cerveau la protégeait du traumatisme en lui faisant passer tout cela pour une sorte de jeu. C'est comme ça qu'elle se le rappelle. Aujourd'hui, huit ans après, les images sont restées vivaces, et avec le temps elles sont devenues douloureuses. Elles lui font très mal, maintenant.

Alejandra dit que tout avait commencé comme une journée en famille. Elle dit que tout est de sa faute. C'est elle qui a insisté et qui a fait un caprice pour aller au parc, ce dimanche-là. Carlota avait décidé qu'elles n'iraient nulle part. Il n'y avait pas d'argent. À cette époque, Carlota travaillait au marché central de San Salvador, à vendre des fruits et légumes sur un petit étal. Et quand cela ne rapportait pas assez, elle effectuait des livraisons, portait de lourdes charges sur ses épaules, nettoyait les déchets laissés par les autres vendeuses, courait apporter des déjeuners dans une cantine en espérant qu'on lui donnerait pour la peine de quoi manger pour elle et ses filles. Mais ce dimanche-là, quelqu'un lui a offert cinq dollars.

La fillette insistait depuis un moment, elle avait un peu d'argent alors elle a fini par céder : elles sont allées au parc Cuscatlán, au centre de la capitale. Là, Alejandra s'est amusée avec sa sœur, elles ont couru ensemble, ont acheté une balle en plastique, et Carlota a même pu payer une photo instantanée des deux petites. Cette photo, elles l'ont encore. Elle aussi a échappé aux flammes, à peine éclaboussée de sang et un peu écornée.

Avant de rentrer à la maison, elles sont passées voir le père des filles, qui tient un bar dans le centre. Les gamines ont joué un moment avec leurs cousines qui habitent ce quartier, puis elles ont dit au revoir et sont allées au coin de rue où les minibus font un arrêt. Un premier est arrivé, elles lui ont fait signe mais il les a ignorées ; le second, lui, les a prises. Juan Martínez, le chauffeur, est reparti à toute vitesse. Il allait tellement vite qu'il a dépassé le bus précédent, et c'est ainsi qu'ils sont arrivés en premier au carrefour de la rue Castro-Morán.

Alejandra se rappelle s'être endormie pendant le trajet. Elle dormait toujours dans les minibus. Plus maintenant. C'est l'une des nombreuses choses qui ont changé pour elle ce jour-là. Elle a entendu des injures. Un homme insultait Juan Martínez. Elle a senti l'odeur du carburant jeté sur son corps. Elle a entendu les coups de feu qui l'ont tué. Elle s'est retournée pour regarder derrière elle. Tout le monde bougeait très vite. Une dame était en flammes et elle poussait sous un siège une petite fille, elle aussi en train de brûler, peut-être pour la sauver des balles qui avaient commencé à voler dans tous les sens, sans savoir qu'elle venait en réalité de la condamner à mourir par le feu. Elle se rappelle sa mère tapant sur la vitre jusqu'à la fendre, sa mère la prenant par la taille, sa mère la lançant dehors. Elle se rappelle le choc en tombant sur la chaussée, les cris de sa sœur, les insultes des Columbia Little Syco, la fumée qui pénétrait dans ses poumons, un coup de fusil sur sa sœur, le sang, la douleur dans sa jambe droite. Une terrible douleur. Elle se rappelle avoir tourné la tête quand sa mère est tombée. Tête la première, en se tordant le cou. Elle est tombée « en dormant », comme dit Alejandra. Les Columbia entourant sa mère, lui tirant dessus. Ils lui ont mis cinq plombs dans le corps, sans compter les éclats de projectiles qui lui ont criblé le dos.

Quand elle est revenue à elle, Carlota a pensé qu'elle avait perdu ses filles. Elle a hurlé, si fort et si longtemps qu'on lui a fait une piqûre de sédatifs. Le lendemain, elle a souffert d'un arrêt cardio-respiratoire. Elle a survécu. Elle a trompé une nouvelle fois la mort, mais celle-ci est revenue quelques heures plus tard. Son cœur s'est encore arrêté, on l'a cru morte. Et, de nouveau, elle est revenue à la vie. On l'a transférée dans un autre hôpital. L'hôpital Rosales. Un établissement infâme où, en plus d'une occasion, les vivants ont partagé leur lit de souffrance avec les morts. Un hôpital vieux et sale. Ce jour-là, alors que l'attaque faisait la « une » de tous les journaux, alors que le président en personne s'était exprimé sur ces faits, alors que les yeux de la communauté internationale étaient braqués sur le Salvador, il n'y a même pas eu de civière pour Carlota à l'hôpital Rosales. Elle a dû attendre que María, la femme qui avait été évacuée par la voiture de police avec ses deux filles, pousse son dernier soupir pour que l'on s'occupe enfin d'elle. Elle a souffert terriblement de ses multiples brûlures, de son bras broyé dans lequel ils ont inséré des broches. Ils lui ont retiré les projectiles du corps mais, au bout d'une semaine d'hospitalisation, personne ne s'était encore rendu compte que ses poumons avaient été abîmés par la fumée, personne n'avait pensé à examiner son thorax. Lorsque la mort s'acharne contre quelqu'un, elle ne lâche pas facilement prise. Si elle ne se présente pas sous forme de balles ou de flammes, elle se déguise en négligence, corruption ou incompétence. Sa capacité pulmonaire réduite à quarante pour cent, ils ont dû la tuber de toute urgence, allant jusqu'à percer deux petites ouvertures dans sa gorge.

Et soudain, comme en un pied de nez à l'infortune, Carlota a recommencé à respirer normalement, laissant les médecins ébahis, les tubes à la main. Elle a réussi – encore une fois ! – ce qu'elle sait si bien faire : survivre.

Une autre chose a également échappé aux docteurs. Carlota avait une balle de M16 logée dans le crâne. Plusieurs semaines après son arrivée à l'hôpital, c'est une infirmière qui l'a découverte alors qu'elle l'aidait à se laver. Un docteur la lui a retirée avec les doigts, sans anesthésie, puis il la lui a montrée en riant et en disant :

« Regardez-moi ce que vous aviez dans la tête. »

Nous venons de terminer une pizza. Andrea, la petite dernière de Carlota, née trois ans après l'épreuve du feu, arrive tout excitée d'avoir tant virevolté dans l'aire de jeu du restaurant. Sans l'insistance de sa mère, elle y serait encore. Nous nous apprêtons à remonter sur la colline Montreal. Carlota et Alejandra me disent de faire attention : les jeunes qui sont maintenant là-haut ne me connaissent pas, et ceux que j'ai connus ne sont plus que des légendes dans le monde changeant et frénétique des pandilleros. Je veux leur poser une question. Mais je n'y parviens pas. Parce qu'elle ne vient pas de moi, cette interrogation, elle a été formulée par un autre homme. Quelqu'un que cette mère et ses filles ne reverront jamais.

27 juin 2018, une semaine après le huitième anniversaire de la tragédie. Dans quelques mois, je parlerai à Carlota et Alejandra mais pour l'heure je me trouve au centre pénitentiaire de San Francisco Gotera, à l'est du Salvador. Un ancien pandillero traîne deux chaises en

plastique aussi loin que possible de la bruyante cérémonie évangéliste à laquelle prennent part ses camarades. Il est jeune, mince, les cheveux châtain clair. Il me rappelle Destino. Sur son visage il a tatoué le nom de son ancienne clica : « Columbia » sur la joue droite, « Little » sur le menton et « Syco » sur la joue gauche. Désormais, tout le monde l'appelle par son prénom, Gustavo, mais il a eu une autre identité, et une autre vie. Dans sa pandilla, on le surnommait FOX, le Renard. C'est lui qui a versé l'essence sur Carlota, ses filles et vingt-neuf autres personnes huit ans plus tôt, à bord d'un minibus stoppé à l'angle de la rue Castro-Morán, qui conduit sur les hauteurs de la colline Montreal.

Ces jours de juin 2010, Gustavo s'en souvient très bien. Sa clica était en alerte, la guerre avec les pandilleros de la MS du haut de la colline était à son apogée. Et pourtant, ce samedi 19 juin, la veille de l'attaque, Gustavo avait décidé de s'accorder un peu de bon temps. Il a acheté deux caisses de bière, s'est dégotté un peu de came, il voulait passer une bonne soirée loin du stress de la guerre.

Il s'est rendu dans la ruelle du quartier Jardín où vivait son meilleur ami. Un jeune aux yeux bridés avec lequel il avait partagé bien des aventures, ces dernières années : ensemble, ils avaient monté un petit trafic de drogue, ensemble ils avaient liquidé ceux qui leur faisaient concurrence et ils en avaient même payé ensemble les conséquences. Une semaine auparavant, ils avaient partagé une cellule dans un cachot de la police. Et d'autres choses encore les unissaient. Gustavo était le fiancé de la sœur de ce pote. Ils étaient comme deux frères. Dans la pandilla, son ami était surnommé Crayola.

« Sa ruelle était une impasse. Un endroit vraiment moche parce que si *Los Mierdas*, les Merdes, se pointent, c'est impossible de s'échapper. Ils te suivent jusqu'au bout de la ruelle et t'es niqué », explique-t-il.

Crayola était en train de jouer au football avec deux pandilleros et un groupe de gosses. Il était content ce jour-là. Gustavo se souvient de lui transpirant de sueur et de bonheur.

« On se casse, *perro*, ici on est de la régalade. Viens, on va boire. Ça ne me plaît pas que tu restes ici, mec », a dit Gustavo à son ami.

Celui-ci, loin du ton grave de Gustavo, lui a répondu que oui, qu'après il partirait, qu'il était en train de jouer au foot. Gustavo a insisté. Crayola a promis qu'il finissait son match, qu'il irait prendre une douche et qu'ensuite ils iraient boire et se droguer ensemble.

Gustavo avait déjà vu mourir d'autres amis. Quand il n'était encore qu'un enfant, les Guanacos Criminales avaient tué son meilleur pote, Victor. Celui-ci avait commencé à traîner avec le Barrio 18, avec la cellule que Gustavo a désormais tatouée sur la figure, les Columbia Little Syco. Les Guanacos Criminales Salvatrucha l'ont abattu devant lui, à moins de deux mètres. Gustavo avait tout vu : le tueur était un Guanaco de la rue Montreal, connu sous le nom de Marmota. Gustavo avait littéralement vu le dernier soupir de Victor. Il n'a jamais pu oublier que, quand ils sont venus ramasser le cadavre, l'un des yeux de son ami s'est détaché de son orbite et a roulé au sol. Le lendemain, il a rejoint la clica et, quelques mois plus tard, Marmota allait mourir dans un minibus. Marmota était de son côté un ami proche d'un autre Guanaco connu alors sous le nom d'El Güero, le Blondinet, qui avec les années s'était choisi un surnom plus imposant : Destino.

Lorsque les universitaires disent que la violence des pandillas est cyclique, j'imagine qu'ils se réfèrent à des cas comme celui-là.

Environ vingt minutes après, Gustavo a entendu les coups de feu. Il a couru jusqu'à la maison de son ami. Crayola était encore en vie.

« Il respirait toujours, en faisait un bruit bien moche qui sortait de sa poitrine », se rappelle-t-il.

Crayola est mort devant ses yeux. Encore un ami mort, encore son meilleur ami assassiné par les Guanacos Criminales. Les maîtres de la colline. Gustavo a crié, pleuré. Il a réuni les jeunes de sa clica et ceux venus des quartiers voisins. Il leur a dit d'aller chercher leurs armes. Il était convaincu qu'il fallait vider Los Mierdas de cette putain de montagne.

Ils ont d'abord pensé à attaquer les Guanacos par le haut. Grimper de nuit par l'un des versants et les prendre par surprise. Ils ont renoncé : la douleur n'éteint jamais complètement l'instinct de survie. La colline était pratiquement imprenable.

Le jour suivant, celui de la veillée, ceux de la Columbia se sont réunis dans le jardin public du quartier, près des balançoires en fer. Ils ont décidé d'attaquer ce qu'ils avaient à portée de main.

> « La mission, c'était de tuer le conducteur. Ça va, avant j'avais déjà tué un chauffeur mais j'avais fait descendre les gens. La mission était de buter le chauffeur de la Mierda et basta. »

Gustavo ment quand il me raconte la mort de Calazo. Il veut expliquer sa méthode, me convaincre que son intention était de tuer, oui, mais pas tant de gens.

Ce sont ses compagnons de massacre qui ont dénoncé Gustavo. Tous ont été arrêtés la semaine suivante, et plusieurs d'entre eux ont parlé. J'ai eu accès au dossier dans lequel les balances racontent comment l'assaut du minibus a été préparé. Mais ça, Gustavo ne le sait pas. Il cherche à atténuer la folie de cette soirée. Il ne veut pas passer pour un monstre devant l'anthropologue venu lui rendre visite. Sa première depuis deux ans, depuis que les autorités lui ont interdit toute visite et toute communication avec les pandilleros emprisonnés.

Il dit que tout a été une trahison commise par son propre camp. Que ce sont les pandilleros de l'extérieur, ceux venus du quartier IVU, l'un des bastions historiques du Barrio 18, qui ont voulu brûler vif le chauffeur du minibus. Il accuse nommément l'un des dirigeants de cette clica, Xochil, ou Rosado, un pandillero actuellement enfermé dans la prison de haute sécurité de Zacatecoluca, plus connu dans le monde des pandillas sous le nom de Zacatraz. Gustavo dit plein de choses sur ce jour-là. Parfois, il reconnaît sa culpabilité, mais vite il la reporte sur d'autres.

Gustavo s'est enfui. Il a été le pandillero le plus recherché du pays, une fois que sa clica l'a dénoncé. La police l'a traqué pendant trois semaines jusqu'à tomber sur lui le 31 juillet 2013, lors d'une opération de routine dans un autre bastion du Barrio 18, le quartier Nuevo Lourdes. Il a été arrêté parce que les policiers ont trouvé un pistolet dans la maison où il se cachait. Il a essayé de contourner la loi, prétendant s'appeler Henry Adalberto, mais le fichier central des empreintes digitales n'a pas tardé à l'incriminer.

Il a été condamné à quatre cent soixante-six années de prison. Il mourra sous les verrous. Il a été placé dans l'un des centres de détention réservés au Barrio 18, celui d'Izalco. Les grands chefs de la pandilla étaient furieux contre lui : ils n'avaient pas donné l'ordre pour un tel incendie, pour une telle barbarie, qui ne pouvait en rien bénéficier à la pandilla. Cela lui a seulement apporté des problèmes. Ils ont décidé de tuer Gustavo.

Un autre ancien pandillero également enfermé là Izalco raconte que Gustavo est entré en prison dans le silence le plus complet. Il ne parlait à personne, et personne ne lui adressait la parole. Les pandilleros chargés de punir au couteau les déviants, des hommes lourdement condamnés qui trouvaient plaisir à donner la mort, se sont mis à tourner autour de Gustavo, à le menacer en lui montrant leurs couteaux improvisés. On les appelle des « pélicans » pour cette façon de guetter leur proie. Ils vivent dans l'attente d'un ordre pour tuer.

« Les pélicans, ils ne laissaient jamais Fox en paix. Ils le suivaient de partout, les couteaux déjà prêts », m'a dit ce pandillero.

Gustavo était condamné à mort par la pandilla et à quatre cent soixante-six années de prison par l'État salvadorien. Pourtant, l'an passé, les pandillas ont conclu un accord avec les autorités. Pour le résumer très succinctement, les pandillas s'engageaient à réduire le taux d'homicides, en échange de quoi les conditions de détention seraient assouplies. Dans ce contexte, un assassinat au beau milieu d'une prison risquait de mettre à bas cet équilibre précaire. Les pélicans allaient devoir attendre.

Ensuite, il y a eu un transfert massif de prisonniers au centre de Gotera, à l'est du pays. Là, des pandilleros ont fondé une communauté évangélique et converti tout un quartier de la prison, puis un autre, puis encore un autre, jusqu'à ce que la prison se voue entièrement à la foi chrétienne en 2018. Ils ont renié la pandilla, ne suivant plus que les ordres de leurs pasteurs. C'est là que j'ai connu Gustavo. J'étais venu pour un tout autre travail mais, une fois à l'intérieur, ces pasteurs m'ont fait une proposition que, à l'instar de celle qu'on m'avait faite dans le centre de jeunesse, le premier jour de cette enquête, je n'ai pas pu refuser :

« Tu voudrais rencontrer le type qui a mis le feu au minibus de Mejicanos ? »

On s'est serré la main, Gustavo a pris deux chaises en plastique qu'il a placées aussi loin que possible de la cérémonie évangéliste qui venait de commencer. Et à la fin de notre conversation, il m'a demandé d'emporter d'ici un message : une question adressée à ses victimes du 20 juin 2010, dans la rue Castro-Morán qui conduit à la colline Montreal. Il m'a dit que c'était important pour lui que je puisse porter ce message.

Il se fait tard. Carlota et Alejandra semblent nerveuses. Elles n'aiment pas se trouver la nuit dans les rues de Mejicanos. Avant de mettre un terme à notre conversation, je leur dis que je suis allé en prison, récemment. Les deux me dévisagent très sérieusement. Je leur dis que c'était un centre de détention pour anciens pandilleros à San Francisco Gotera. Elles s'échangent un regard et je pourrais presque entendre les battements de leur cœur. Je leur dis que j'ai parlé à Fox. Elles savent de qui il est question, n'ont besoin d'aucune présentation. Je leur dis qu'il m'a chargé de leur transmettre un message, et une question :

« Je ne peux pas vous rendre la peau qui a brûlé ce jour-là, ni les êtres chers qui sont partis ce jour-là. Mais je veux vous dire que je regrette, que je regrette énormément, et que je vous demande pardon. Vous me pardonnez ? »

Les yeux de Carlota se brouillent de larmes pour la cinquième fois depuis le début de cette conversation. Elle dit qu'elle lui a déjà pardonné. Qu'il n'y a pas de rancœur en elle. Alejandra, elle, a les traits figés. Elle me fixe du regard et me dit :

« Non, moi non. Je ne le pardonnerai jamais. Je voudrais qu'ils soient tous morts, eux tous. »

Nous remontons vers la colline Montreal.

TABLE DES MATIÈRES

PROLOGUE

JOURNAL DE LA COLLINE

ÉPILOGUE

GLOSSAIRE

PRÉFACE

Page

11 **Trucha** — en argot salvadorien, signifie « alerte », comme dans « Salvatrucha », Salvadoriens en alerte.

13 **Chequeo** — un *chequeo* est un jeune, enfant ou adolescent, encore soumis au « check-up » du gang avant d'être formellement intégré, une sorte de stagiaire.

14 **Mirin ou miring** — déformation de « meeting », réunion régulière d'une bande pendant laquelle le comportement de chaque membre et du groupe dans son ensemble est soumis à discussion.

15 **Zetas** — Los Zetas (Les Z) est un syndicat criminel fondé au Mexique à la fin des années 1990, l'un des cartels de la drogue et de la prostitution les plus redoutés dans la région. C'est un officiel du Guatemala, Eduardo Velasco, qui a particulièrement insisté sur les relations présumées entre les maras et le cartel mexicain.

LA DERNIÈRE COMMUNAUTÉ DE LA COLLINE

33 **Bróder** — déformation de « *brother* », frérot.

LE BALAI DE LA VÉRITÉ

42 **Sicario** — tueur à gages de la pandilla.

LA RENTE DE DESTINO

45 **Renta** — la « rente » est l'euphémisme par lequel les Salvadoriens désignent la rançon hebdomadaire que tous les petits commerces versent systématiquement aux pandillas, un phénomène d'extorsion qui existe dans tout le pays.

NOUS SOMMES MÉCHANTS

63 « **Semos malos** » — « Nous sommes méchants », est le titre d'une célèbre nouvelle de l'écrivain salvadorien Luis Salvador Salazar Arrué dit Salarrué, publiée en 1933 dans le recueil *Cuentos de barro*. Un pauvre homme et son fils marchent à travers une contrée désertique, portant un phonographe qu'ils espèrent vendre. Ils sont assassinés par quatre bandits, qui ensuite passent le disque d'une chanson triste et belle, et se mettent à pleurer. Le plus âgé a cet unique et laconique commentaire : « Nous sommes méchants ». *Semos* est une déformation de *somos*, « nous sommes ».

LE MYTHE

69 **Homeboy** — un terme repris directement de l'anglais *homeboy*, « pote du quartier » ; est souvent déformé en *homy*, *hommie*, ou *homito*.

71 **Chavalas** — littéralement « gamines ». Les membres de la MS-13 appellent souvent ceux du gang opposé *chavalas*, « gamines », une féminisation destinée à exprimer leur mépris.

LE FOU, LE JEU D'ÉCHECS ET LES TATOUAGES DE LITTLE DOWN

103 **Siguanaba** — dans le folklore mexicain et d'Amérique centrale, un spectre femelle d'une beauté ensorcelante qui attend les hommes infidèles au bord d'une rivière, la nuit, les séduit et les rend fous.

L'INFORMATEUR

117 **Palabrero** — littéralement celui qui a la parole (ou qui parle beaucoup), qui en Amérique centrale peut aussi désigner un médiateur de la justice, un justicier, et spécifiquement un leader de pandilla.

MARAS, CHAMPAGNE ET PHOTOS

121 **Placazo** — graffiti ou peinture murale délimitant le territoire d'une *clica*.

LA FORTERESSE DES GUANACOS

145 **Pupusa** — plat national salvadorien. C'est une tortilla épaisse faite à la main, à base de farine de maïs ou de riz, qui est ensuite remplie d'un ou plusieurs aliments, souvent du fromage, de la purée de piment, des grattons ou des haricots frits.

ÉPILOGUE

183 **Mierdas** — dénomination réservée aux membres de la MS-13 par ceux du Barrio 18 en raison de son aspect insultant et du fait qu'elle commence par un « M ».

À Edin, qui me montre le chemin.
Tu continues à vivre dans nos mots, Papa.

À Marisa, pour m'avoir laissé faire partie de ta vie rebelle et libératrice.

À toute ma famille : pour leur constance en ces temps d'incertitude.

Photos :

p. 110-111 : un ancien membre de la Mara Salvatrucha à la prison de Santa Ana.

p. 170 : Le corps de Destino, tué le 5 mars 2013, devant l'entrée principale de la paroisse de San Francisco, Mejicanos.

Conception graphique : *Peggy Cognet*
Préparation des textes : *David Lerozier*
Relecture : *La Machine à mots*
Photocomposition : *Nord Compo*

Pour l'éditeur, le principe est d'utiliser des papiers composés de fibres naturelles, renouvelables, recyclables et fabriquées à partir de bois issus de forêts qui adoptent un système d'aménagement durable.
En outre, l'éditeur attend de ses fournisseurs de papier qu'ils s'inscrivent dans une démarche de certification environnementale reconnue.

Imprimé en Italie par Grafica Veneta en janvier 2020
pour le compte des éditions Hachette Livre (Marabout)
58, rue Jean-Bleuzen – 92178 Vanves Cedex

ISBN : *978-2-501-14780-4*

2.8221.29 / 01
Dépôt légal : *mars 2020*